Stb

Die Autorin
Susanne Hühn, Jahrgang 1965, ist ausgebildete Lebensberaterin und ganzheitliche Physiotherapeutin. Sie schreibt spirituelle Selbsthilfebücher und gibt Lebensberatung, Channelings sowie Meditationskurse für Erwachsene und Kinder. Seit nunmehr über fünfundzwanzig Jahren begleitet sie Menschen auf ihrem Weg zur Genesung. Mit dem Schreiben begann sie vor siebzehn Jahren. Zunächst vermittelte sie ihr spirituelles Wissen in Romanform, dann entwickelte sie Sachbücher und CDs, die sie mittlerweile in großer Zahl veröffentlicht hat.

Besuchen Sie Susanne Hühn auf ihrer Website:
www.susannehuehn.de

Das Buch
Das Buch beschreibt einen spirituellen Entwicklungs- und Genesungsweg, der eine echte, tiefgreifende Verhaltensänderung zum Ziel hat, und zwar unabhängig davon, ob man alle Ursachen für das störende Verhaltensmuster kennt oder nicht – die Ursachen zu kennen reicht noch längst nicht aus, um das Verhalten tatsächlich zu verändern. Dieser Weg besteht aus zwölf Schritten, die aufeinander aufbauen und in der Behandlung von Suchterkrankungen lange erprobt sind (die meisten genesenden Alkoholiker, Esssüchtigen und Co-Abhängigen halten sich an dieses Programm, viele Suchtkliniken arbeiten damit, spirituelle Autoren wie z. B. Melody Beattie [Mut zur Unabhängigkeit] u. a. und Julia Cameron [Der Weg des Künstlers] ebenfalls). Die zwölf Schritte bilden die Brücke zwischen dem eigenen Leben und einer gesunden spirituellen Kraft, die jeder für sich definiert, die also nicht religionsabhängig ist.

Susanne Hühn

Loslassen

und Vertrauen lernen

*Spirituelle Selbstverantwortung
und innere Heilung
in 12 Schritten*

Stb

Als Vorlage diente die gleichnamige im Schirner Verlag im Jahre 2003 erschienene Ausgabe.

ISBN 978-3-89767-681-7

3. Auflage 2011

Umschlag: Murat Karaçay, Schirner
Satz: Heike Wietelmann, Schirner
Illustrationen nach Zeichnungen von
Mary E. Baker und W.I. Beecroft
Printed by: FINIDR, Czech Republic

www.schirner.com

Inhaltsverzeichnis

Widmung 7

Vorwort 9

Das Schöpferprinzip 15

1. Kontrolle aufgeben 19

2. Sich öffnen 25

3. »Dein Wille geschehe« 29

4. Bestandsaufnahme 35

5. Die Beichte 41

6. Die Entsorgung 47

7. Der Abholdienst 53

8. Bilanz ziehen 59

9. Ausgleich 67

10. Neue Gewohnheiten 77

11. Der Lebensplan 85

12. Die Botschaft weitertragen 97

Anhang 107

Literaturhinweise 109

Widmung

Danke an euch, meine Eltern, für das Geschenk meines Lebens. Ohne euch wäre ich nicht hier. Und danke an dich, Maria; ohne dich könnte ich diesen Weg nicht gehen.

Vorwort

Liebe Leserin, lieber Leser,

dies ist ein Buch über Mut und innere Freiheit.

Noch vor ein paar Jahren hätte ein Buch von mir den Titel *»Vertrauen lernen und dann mal sehen, ob ich irgend etwas loslassen kann, vielleicht ein bisschen«* getragen.

Aber so funktioniert es nicht.

Ich begann, meinen spirituellen Weg zu gehen, nachdem ich »durch Zufall« einer spirituell arbeitenden Therapeutin begegnet war. Damals war ich so voller Angst, dass ich sie oft erst gar nicht spüren wollte. Ich arbeitete viel zuviel, aß viel zuviel, versuchte, alles und jedes, besonders meine eigenen Gefühle, zu kontrollieren, um ja nicht zu spüren, wie wenig ich mich vom Leben getragen und gehalten fühlte.

Im Laufe der Zeit, besonders, als ich Ausbildungen machte, nach deren Abschluss ich zur spirituellen Beraterin herangereift sein würde, wurde ich mehr und mehr mit meiner Angst vertraut. Ich lernte, sie zuzulassen und Dinge dennoch zu tun.

Ich lernte, sie zuzulassen und Dinge dennoch zu tun. Ich begann, zu beten, eine höhere Kraft zu spüren und dieser mein Leben nach und nach in die Hände zu geben.

Nach und nach.

Und bestimmt nicht alles.

Genesung durch Loslassen

Besonders stark mit Angst besetzte Teile meines Lebens konnte ich nicht loslassen. Es gab Bereiche, in denen ich die Kontrolle nicht abgeben konnte.

Ich konnte zum Beispiel nicht verhindern, dass ich meine Gefühle mit Essen beruhigte und mir Energie über Nahrungsmittel holte, obwohl ich eigentlich eher mehr Zeit für mich oder vielmehr eine Umarmung gebraucht hätte. Das »Essprogramm« war so tief in mir verankert, dass ich es schlichtweg für unmöglich hielt, die Leere auszuhalten, in die ich fiel, wenn ich nicht aß.

Eines Tages dann hörte ich von einer Selbsthilfegruppe für Menschen mit Essstörungen, wo das 12-Schritte-Programm der Anonymen Alkoholiker zur Genesung eingesetzt wurde. Zum Glück hatte ich von diesem Programm schon gehört und konnte etwas damit anfangen, sonst hätte ich mich nicht darauf eingelassen.

Ich ging zu einem dieser Treffen. Die zwölf Schritte wurden vorgelesen, ich las den ersten.

»Wir geben zu, keine Kontrolle über unser Essverhalten zu haben und unser Leben nicht meistern zu können.«

Das ist ein sehr harter Satz. Aber er stimmte.

Er stimmte.

Die letzten Schatten ausleuchten

Ich hatte so viel meditiert, so viele Kurse gehalten, ich war in vielen Bereichen so verbunden mit dem, was ich als höhere Kraft spürte, aber nicht, wenn es um mein Essen ging. Da lebte ich in ständiger Kontrolle und Angst.

Nach und nach, durch große Angst und Scham hindurch, lernte ich, loszulassen, zu vertrauen, mich meinen Gefühlen zu stellen und sie zu spüren.

Die zwölf Schritte haben mich geführt, geleitet. Mit ihnen habe ich ein spirituelles Selbsthilfeprogramm an die Hand bekommen, das mich dabei unterstützt, alle Herausforderungen des Alltags zu bewältigen, sei es das Essen oder jedes andere Thema, in dem ich nicht den Willen meiner höheren Macht wahrnehmen kann oder will, weil er mich mit meiner Angst in Kontakt bringt.

Ich will Ihnen diese zwölf Schritte nun weitergeben, etwas spiritueller, als sie üblicherweise gelehrt werden, und so, wie ich sie verstanden habe.* Ich möchte das tun, weil sie mir so unendlich große Dienste erwiesen haben, weil sie mich zu soviel mehr Freiheit, Lebendigkeit und Freude geführt haben.

Zwölf Schritte gegen die Angst vor dem Leben

Es sind nur zwölf Schritte, aber durch sie werden Sie lernen, klar und ehrlich mit sich und anderen umzugehen, Ihrer inneren Stimme zu folgen und einer höheren Macht zu vertrauen.

Es sind zwölf Schritte gegen die Angst vor dem Leben, vor der inneren Freiheit und vor dem, was wir als unsere Bestimmung wahrnehmen.

Zwölf Schritte, mit deren Hilfe Sie den Mut finden, Ihr Leben wirklich zu leben und nicht in der ängstlichen Vermeidung zu verharren, durch die Sie sich vielleicht gewappnet glauben.

* Es handelt sich um die zwölf Schritte der Anonymen Alkoholiker (AA). Dieses Buch ist natürlich keine genehmigte AA-Literatur, sondern zeigt, wie ich die Schritte verstehe.

Noch etwas zur Form: Ich habe das Buch in Wir-Form geschrieben, als hätten sich liebende, kluge Schutzengel entschlossen, eine kleine Broschüre herauszugeben, deren Inhalt uns das Leben auf der Erde erleichtern soll.
Es hat mir große Freude gemacht, es so zu schreiben, und das war eigentlich der einzige Grund: Ich fühlte mich dadurch gehalten und geleitet.
Und wissen Sie was? Manchmal bekam ich beim Schreiben das Gefühl, als wäre es tatsächlich genau so.

Das Schöpferprinzip

Sei gegrüßt, geliebtes Wesen!

Du hast dich also entschieden, wieder einmal auf die Erde zu kommen. Was darf es diesmal sein? Möchtest du alte Freundschaften neu entdecken, unerledigte Dinge zu Ende bringen, die Erde retten (kurze Information am Rande: Sie muss nicht gerettet werden, nein, immer noch nicht), neue Möglichkeiten entdecken, Liebe und Freude unter die Menschen bringen? Oder willst du vielleicht lernen, deine Bestimmung, deinen Platz im Universum zu finden?

Du möchtest deine Kraft leben? Raus aus der Opferrolle? Weißt du was? Dazu brauchst du nur vier kleine Buchstaben zum Opfer hinzuzufügen, und dann bist du da, wo du hinwolltest:

S für: Selbstverantwortung
C für: Courage (Mut)
H für: Hier und Jetzt
und
E für: Entspanne dich!

Und – tata! – wir haben einen:

SCHoEpfer!

Wir wünschen dir in diesem Leben viel Freude und Unternehmungsgeist, viel Liebe und Energie – und dass du diesmal nicht wFieder vergisst, woher du in Wirklichkeit kommst.

In unserer Funktion als Unternehmensführung des Universums haben wir uns zusammengesetzt, um diesen Leitfaden als Erinnerungshilfe zu verfassen – wir bitten dich, ihn immer im Handgepäck mit dir zu führen.

> *Ein Leitfaden für den Weg zur inneren Bestimmung*

Es sind nur zwölf kleine Schritte, die du bitte freundlicherweise beachtest. Damit ist gewährleistet, dass du nicht wieder völlig planlos auf der Erde herumläufst und deine Bestimmung nicht findest. (Falls du dich dennoch verirrst, werden unsere freundlichen Engel wie immer zur Stelle sein. Aber bitte, gern geschehen!)

Kommen wir zur Sache.

»Wollte man tatsächlich infrage stellen, dass es so etwas wie einen Schöpfer gibt, wäre das entweder blanker Unsinn oder finsterster Aberglaube.«

1. Kontrolle aufgeben

*Gib den unsinnigen Gedanken auf,
du könntest dein Leben
mit deinem Willen und deinem Verstand
kontrollieren.*

»Aber ich kontrolliere es doch sehr schön«, sagst du, »habe ich nicht erst gestern die Wohnung gekündigt/den Job bekommen/die Fortbildung gemacht, habe ich mich nicht für bzw. gegen ein Kind entschieden/diesen Mann geheiratet/mich von jener Frau getrennt? Wer sonst kontrolliert mein Leben, wenn ich es nicht tue? Nein, ihr irrt euch, ich habe alles unter Kontrolle, alles ist im grünen Bereich.«

Ist das so? Dann herzlichen Glückwunsch! Aber schau bitte noch einmal genau hin. Seit wann genau wolltest du nicht mehr rauchen/ein bisschen weniger essen oder trinken/diese oder jene Beziehung oder Arbeitsstelle aufgeben bzw. dir eine neue suchen? Wie oft sitzt du nachts am Fenster und denkst darüber nach, wie sehr du dich anstrengen musst, um alles einigermaßen auf die Reihe zu bringen? Wie oft spürst du ganz tief in dir das Gefühl, du solltest endlich dies oder jenes tun? Wie oft lässt du dich bremsen, vertraust dem Leben nicht, strengst dich viel zu sehr an?

Wer sagt, du müsstest dein Leben kontrollieren?

Lass es uns noch einmal anders ausdrücken:

Gib endlich den unsinnigen Gedanken auf, du *müsstest* dein Leben mit deinem Willen und mit deinem Verstand kontrollieren.

Besser?

Es geht nicht darum, weiter, schneller, spiritueller, besser oder reicher als andere zu werden. Fast alle Seelen glauben, dass sie, wenn sie auf der Erde sind und einen menschlichen Körper haben, allein zurechtkommen müssten. Wenn das der Fall wäre, herrschte auf der Erde das wahre Chaos, keiner fände mehr seine Bestimmung, keine Seele wäre mehr auf ihrem Weg. Kannst du dir vorstellen, welche Dramen dann das Leben auf der Erde bestimmen würden?

Ja, das kannst du, denn genau das passiert ... glaubst du! Doch du hast einen Seelenplan, wenn du dich bitte daran erinnerst!

Wir hören immer wieder die Worte »Widerstand« und »Problem« und können nichts damit anfangen, obwohl wir wissen, was damit gemeint ist. Lass uns bitte ein für allemal klären, dass es diese Dinge nur dann gibt, wenn du nach deinem Eigenwillen handelst (auch freier Wille genannt), den du auf deinem Weg zur Erde als Werkzeug an die Hand bekommen hast. Dieser Eigenwille dient zu nichts anderem, als sicherzustellen, dass du alle Erfahrungen im Universum durchlebst, auch die der scheinbaren Getrenntheit von der Schöpfung an sich.

Lass dir zeigen, wo es wirklich langgeht.

Damit solltest du unterdessen »durch« sein, wenn du uns erlaubst, es in lässigen Worten auszudrücken. Hast du nicht langsam genug von all den Steinen, die dir im Weg liegen? Wie wäre es, wenn du dir zeigen ließest, wo es wirklich langgeht? In unserem Reich gibt es keine Hindernisse oder Probleme, weil alles einem wohldurchdachten Plan folgt.

Bitte funk dir nicht immer wieder selbst dazwischen, lass die Idee, dein Leben kontrollieren zu müssen, bitte jetzt, auf der Stelle, los. Du drehst dich sonst nur im Kreis, vertrödelst deine Zeit in einer Warteschleife – und glaube uns, du hast so viel Besseres zu tun!

Wir wissen, es fühlt sich (zunächst) sehr bedrohlich an, zuzugeben, dass sich das Leben deiner Kontrolle entzieht. Wir wissen auch, dass ihr nachgerade in einen Wettstreit miteinander getreten seid, alles in den Griff zu bekommen. Ihr durchdenkt euer Leben, plant alles bis ins kleinste Detail und macht einen Wettbewerb daraus, alles zu erreichen, was ihr zu brauchen glaubt.

Doch das ist nichts als eine Sackgasse. Pure Zeitverschwendung. Und wenn du tief in dich hineinhorchst, dann weißt du das auch. Denn während du dein Leben planst und kontrollierst, verpaßt du das, was gerade jetzt – und jetzt – und jetzt stattfindet.

Schau in den Spiegel und sage laut und deutlich: Ich gebe zu, dass ich mein Leben nicht allein mit meiner Kraft und meinem Willen kontrollieren kann.

***

Lass das wirken, bis du für dich feststellst, dass es stimmt, vor allem in den Bereichen, in denen du schon so lange nach einer Veränderung rufst.

Spürst du die Erleichterung? Die Last, die dir von den Schultern gleitet?

Keine Angst, es gibt eine Kraft, die weiß, was sie tut …

»Jede Veränderung im Leben ist wie ein kleiner Tod. Aber nur dann kann etwas Neues entstehen, wenn das Alte vergangen ist.«

2. Sich öffnen

Öffne dich, und erkenne,
dass es eine Kraft gibt,
die weiß, was sie tut.

Du folgst einem Seelenplan, der größer ist als das, was sich dein Verstand ausdenkt, und immer, wenn du glaubst, du wüsstest selbst am besten, was gut für dich ist, kann er nicht wirken.

Noch einmal speziell für alle Erdbewohner:

Das Universum ist – und wir sind sicher, tief in dir weißt du es noch – ein einziger großer Organismus, der durch eine spirituelle Kraft gesteuert wird.

Du darfst dich daran erinnern: Du hattest niemals die Aufgabe, dein Leben mit deinem Verstand und deiner Willenskraft zu kontrollieren und zu lenken, denn ebendann handelst du wie eine Krankheit in diesem Organismus.

Wahre Freiheit findest du in der Erfüllung deines Lebensplans.

Hier ein Beispiel: Stell dir vor, du wärst eine Leberzelle. Du hast eine sehr wichtige Funktion: Du reinigst das Blut. Aber was passiert, wenn du deine Arbeit nicht machst? Wenn du dich entscheidest, lieber als Darmzelle oder überhaupt als unabhängige Einzelzelle zu arbeiten, obwohl die Zeit und der Ort mehr als falsch sind? Du wirst eine Krankheit mit einem furchterregenden Namen: Krebs. Genau so verhältst du dich, wenn du deinem viel zu kleinen Eigenwillen folgst, der oftmals nur kurzfristigen Befriedigungen oder der Vermeidung von notwendigen Konfrontationen dient.

Entspann dich, lehn dich zurück, und sei sicher: Es gibt eine führende, lenkende, liebende Kraft. Wir wissen, du hast es vergessen, sehnst dich aber danach, nach Hause zurückzukehren, zurück in deine spirituelle Heimat.

Wir sind gleich hier, leicht zu erreichen, wenn das Getöse in deinem Kopf über das, was du glaubst, tun zu müssen, aufhört. Es ist überaus wichtig, dass du dich erinnerst, ab sofort zumindest hoffst, dass es eine Stimme in deinem Inneren gibt, die verbunden ist mit dem großen Plan. Dem Plan, in dem du einen wichtigen und deinen Fähigkeiten vollkommen angemessenen Platz hast. Es ist eine große Herausforderung, dich für uns zu öffnen, doch es ist der einzige Weg. Sonst bist du wie die Leberzelle, die ihren Job nicht macht.

Sei uns nicht böse, wenn wir so direkt werden.

Doch wir haben die Hoffnung und die Gewissheit, dass du uns verzeihst, wenn du unsere – deine! – Kraft erst wieder spürst.

Nimm dir ein paar Minuten Zeit. Setz dich hin, und bitte deine innere Führung, zu erscheinen, dir ein Bild von ihr zu zeigen, mit dem du etwas anfangen kannst. Beginne, eine höhere Kraft für möglich zu halten.

***

Wir sind hier.

3. »Dein Wille geschehe«

Gib dein Leben zurück in die Hände, in die es gehört.

»Dein Wille geschehe«, betet ihr in der Kirche, dann geht ihr hinaus, zündet euch eine Zigarette an, klatscht mit anderen über eure Nachbarn, fahrt auf dem Weg nach Hause viel zu schnell, stopft euch mit Essen voll, seht fern, bis ihr nicht mehr klar denken könnt, streitet mit eurer Familie und geht schließlich unzufrieden zu Bett.

Das ist nicht der Wille der Kraft, die ihr auch Gott nennen könnt. Nichts davon ist es, und deshalb ist es im tiefsten Inneren auch nicht dein eigener Wille.

Erinnere dich. Wir alle sind im Innersten Liebe, Kraft, Klarheit, Freude, Erfüllung, Gesundheit. Ja, auch du! Und das ist es, was du suchst, egal, was du tust. Es ist an der Zeit, dein Leben loszulassen.

Du hast erkannt, dass du es letztlich sowieso nicht kontrollieren kannst. Du hoffst zumindest, dass es eine Kraft gibt, die weiß, was sie tut – was also hindert dich daran, dein Leben nach dieser Kraft auszurichten?

Wir alle sind im Innersten Liebe, Kraft, Klarheit, Freude, Erfüllung, Gesundheit.

»Aber wie bloß?« fragst du. Also gut, fangen wir noch einmal an – das alles weißt du nämlich längst, es ist nichts als ein Auffrischungskurs, kosmische Volkshochschule.

Du hast tief in deinem Bauch oder im Herzen – schaue bitte gleich nach – eine direkte Verbindung zu deiner Kraft, zu der Kraft, die der unseren gleich ist. Wir können zu dir sprechen, du hast eine Telefonleitung zu uns. Aber wir haben nur eine Leitung – entweder du redest, oder wir reden. Wir als Unternehmensführung – einige nennen uns »Gott« – können dir keine Unterstützung geben, wenn du andauernd die Leitung blockierst, indem du dein Leben nach deinem Eigenwillen zu gestalten versuchst.

Erinnerst du dich an die Sternstunden in deinem Leben, an die großartigen, elektrisierenden Einfälle, die dir Mut, Kraft und das wunderbare Gefühl, lebendig zu sein, gegeben haben? Das waren die Momente, in denen wir dich erreichen konnten, in denen du losgelassen hast, auch wenn es dir vielleicht nicht bewusst war. Warum fragst du nicht wieder die Kraft in deinem Inneren, fragst, was dein Seelenplan für dich vorsieht? Sei sicher, er ist mit viel mehr Kraft, Freude, Liebe und Erfüllung verbunden als das, was du dir ausdenkst.

Es gibt keine Hindernisse, und der Weg ist vorgezeichnet, du brauchst ihm nur zu folgen. Keine Sorge, wir haben viele Überraschungen eingearbeitet, wir wissen, dass du als Mensch Herausforderungen brauchst. Wir führen dich auf allen Ebenen gleichzeitig, wir versprechen dir spirituelles Wachstum (auf das manche von euch regelrecht versessen sind), ein erfülltes Leben und die überwältigende Gewissheit, deinen eigenen Weg gegangen zu sein.

Es gibt keine Hindernisse.

Wir zeigen dir nichts als das, was du in deinem tiefsten Inneren wünschst, den Weg und das Ziel. Die Kraft, all das umzusetzen, bekommst du gleich mitgeliefert. Wir kümmern uns auch um das kleinste Detail – wenn du dich bitte nur immer wieder daran erinnerst, durch Meditation oder Gebet die Hotline zu uns zu benutzen.

Kannst du diesem Angebot ernsthaft widerstehen?

Eine Warnung möchten wir dir geben, über eine Sache musst du dir im Klaren sein:

Es gibt kein Zurück. Wenn du unser Rund-um-Sorglos-Paket bestellt hast, dann kommt es unweigerlich, und es nimmt dir alles, was es an seiner Erfüllung hindert. Den Missbrauch all der Gifte, die du zu dir nimmst, um deine innere Leere nicht zu spüren, die Kontrollfunktionen, die sich über deine Seele gelegt haben, die Angst, die Rachsucht, den Neid, die Wut, das Opferbewusstsein und so weiter. Du weißt, wovon wir reden, nicht? Alles, was mit *»Ich sollte eigentlich …«* oder *»Ich sollte eigentlich nicht mehr …«* beginnt, ist genau das, was getan werden muss.

Einmal auf dem Weg, gibt es kein Zurück.

Doch sei unbesorgt, du wirst es lieben. Wir sind immer da, wir stehen für Fragen jederzeit zur Verfügung, wir überschütten dich mit Kraft, Liebe und Hoffnung, wenn du uns nur lässt.

Und das Beste – wir haben keine Ladenschlusszeiten!

Setz dich bequem hin, und schick deine Bestellung los – ein neues Leben, speziell für dich angefertigt, perfekt durchdacht, jede Einzelheit ist berücksichtigt worden – auch wenn du nicht weißt, wie es im Einzelnen aussieht.
»Dein Wille geschehe – und nur dein Wille«, das sind die Zauberworte.
Dann lass los.

***

Wir danken dir und werden deine Bestellung bevorzugt behandeln, jetzt, in dieser Sekunde, beginnen wir zu liefern. Spürst du es?

4. Bestandsaufnahme

Du kommst leider nicht daran vorbei – es wird Zeit, eine ehrliche und gründliche Bestandsaufnahme zu machen.

Du kommst seit Jahrhunderten immer wieder auf die Erde, und – so leid es uns tut, das sagen zu müssen – in dein Energiesystem haben sich eine Menge unbrauchbarer Überzeugungen und Kontrollmechanismen eingenistet. Warum, ist nicht wichtig. Tatsache ist, sie behindern dich ungeheuer.

Im letzten Schritt hast du das umfassende *»Dein-Wille-geschehe«*-Wohlfühlpaket bestellt. Nun ist es an der Zeit, deine inneren Schränke auszumisten, um Platz für Neues zu schaffen. Leider können wir das nicht für dich erledigen, denn dein Bewusstsein – welches wir soeben respektloserweise mit einem Schrank verglichen haben, verzeih – möchte gern selbst entscheiden, was es noch braucht und was nicht.

Wenn du dich immer wieder daran erinnerst, dass du dein Leben nicht zu kontrollieren brauchst und außerdem nicht dafür verantwortlich bist, dass es Dinge gibt, die längst aussortiert gehören, schaffst du das ohne weitere Schuldgefühle oder Angst.

Vertraue deiner inneren Stimme. Der, auf die du so lange nicht gehört hast, weil du gefürchtet hast, es könnte ein wenig unbequem werden. Nun, jetzt wird es genau das, aber wir versichern dir, das ist nur vorübergehend. Vielleicht – nun, seien wir ehrlich: ganz sicher – wirst du eine Menge alter Dinge anschauen, betrauern, vergeben oder auch »nur« zugeben müssen. Aber wird es nicht sowieso langsam Zeit, das zu tun? Wie lange soll der alte Schrott noch in deinem Bewusstsein herumdümpeln und den Weg für deine innere Klarheit verstellen?

Vertraue deiner inneren Stimme.

Es gilt, die Leichen aus dem Keller deines Unterbewusstseins zu holen, sie zu betrauern und ihnen ein angemessenes Begräbnis zu verschaffen. Alle? Ja, was hast du denn gedacht? Auch die kleinen, auch die, die »eigentlich« gar nicht so schlimm sind. Gerade die. Alles, was dir das Gefühl gibt, ein schlechter oder schwacher, minderwertiger Mensch zu sein, muss auf den Tisch. *»Was soll das?«* fragst du verärgert. *»Wozu der Aufwand?«*

Weil es nicht die Wahrheit ist! Du hast in der Vergangenheit vielleicht gegen deine innere Stimme, gegen deinen Seelenplan gehandelt, aber in dem Moment, in dem du das zugibst, geschehen Wunder.

Nimm ein Stück Papier, dein Tagebuch, den Computer – und beginne. Es ist egal, was du schreibst. Wir sind bei dir, fühle dich stets begleitet und geführt.

Dein Gefühl wird dir sehr deutlich machen, was alles auf den Tisch gehört. All die Tage, an denen du es vorgezogen hast, dich zurückzuziehen, anstatt ehrlich über deine Gefühle zu reden. All die Stunden, in denen du andere dafür bestraft hast, weil sie so sind, wie sie sind, und nicht, wie du es gerne gehabt hättest. All die Monate, Jahre, in denen du dich gehasst und abgewertet hast, weil du nicht einmal selbst deinen Anforderungen entsprachst. Auch die kleinen Betrügereien, mit denen du glaubtest, dein Leben besser in den Griff zu bekommen, auch die Unehrlichkeiten, die »alle« praktizieren. Das macht sie nicht besser.

Du weißt selbst am allerbesten, was dich nicht länger unterstützt, was du längst ändern solltest – wenn du nur wüsstest, wie. Alles, was an dir nicht klar und liebevoll ist, gehört in diese Bestandsaufnahme, damit wir es später entgegennehmen können. Wenn du ein Altkleiderpaket schnürst, ist deine Entscheidung

Sei ehrlich zu dir.

ja auch eindeutig und unmissverständlich: Was im Schrank bleibt, wird nicht mitgenommen.

Und seien wir doch bitte ehrlich: Was passiert, wenn du nicht aufrichtig bist, deine Gefühle nicht ausdrückst, dich im alten Leid wälzt? Du hängst in der Warteschleife; das hatten wir schon. Dazu packt dich die Angst vor dem, was geschieht, wenn du dich zeigst, wie du wirklich bist.

Du hast so viel Besseres verdient.

Schluss damit! Du hast so viel Besseres verdient. Dein bisheriges Leben wird deiner wahren Natur nicht im Geringsten gerecht.

Nimm dein Tagebuch, oder schalte den Computer ein, und tippe den ersten Satz.
Bitte? Ja, natürlich jetzt, wann denn sonst?
Ich bin ein Kind Gottes, und das sind die Punkte, an denen ich es vergessen habe …

***

Wir danken dir für deinen Mut. Das ist vielleicht das Liebevollste, was du jemals für dich getan hast.

»Positiv, aufrichtig und an gute Dinge zu denken, ist die vollendete Form des Gebetes.«

5. Die Beichte

Das Geheimnis der Beichte – teile deine Bestandsaufnahme mit uns und einem vertrauten Menschen.

»Sind die noch ganz dicht?« hören wir dich schimpfen. Und was lernen wir daraus? Deine Reaktion beweist nichts anderes als die Angst, am Ende doch noch verurteilt und bestraft zu werden, wenn du dich zeigst, wie du bist. Vergiss es!

Es ist nicht genug, eine Bestandsaufnahme zu schreiben. Es ist auch notwendig, dir selbst zu beweisen, dass du trotz allem wert bist, geliebt zu werden.

Die Leichen sind aus dem Keller geholt worden und in deinen Computer oder dein Tagebuch gewandert – nun folgt das Begräbnis. Hast du schon einmal eine Trauerfeier erlebt, bei der sich nicht alle Verwandten und Freunde versammeln? So weit brauchst du nicht zu gehen, aber mit uns und einem Menschen musst du deine Altlasten teilen. Du wirst sonst im Sumpf von Scham und Schuld steckenbleiben, das Gefühl haben, niemals echte Vergebung zu erlangen.

Du bist ein Mensch, und als Mensch brauchst

du die Bestätigung deiner Mitmenschen, ein wertvolles und vollwertiges Mitglied deiner Art – oder wollen wir sagen: Daseinsform – zu sein.

Du bist ein Kind Gottes.

Außerdem bist du ein Kind Gottes, ein Lichtstrahl, ein Funken kosmischer Energie. Deshalb ist es nötig, auch deiner Seele Genüge zu tun und deine Verfehlungen (wenn wir sie völlig wertfrei so nennen dürfen) vor Gott oder deiner höheren Macht – wie immer sie aussieht – zuzugeben.

Es wird vielleicht weh tun.

Aber mehr nicht.

Du wirst dich schämen, vielleicht weinen, vielleicht wird dir der Atem oder die Stimme stocken, während du deine Bestandsaufnahme vorliest. Doch das ist in Ordnung: Du stellst dich damit der schwersten Aufgabe, die wir zu vergeben haben.

Du erklärst, an welchen Punkten du nicht nach deiner inneren Stimme, nach deiner Bestimmung und Wahrheit, gehandelt hast – und wirst erfahren, dass es nichts als ein Teil deines Weges war.

Du wirst vielleicht dem, mit dem du deine Bestandsaufnahme teilst, nicht in die Augen schauen können, während du liest, aber es wird das Liebevollste und Beste sein, was du tun kannst.

Du teilst mit, dass du ein Mensch bist, der seine Fehler zugibt, ein Mensch, der gesteht, nicht immer nach bestem Wissen und Gewissen gehandelt zu haben, ein Mensch, der bekennt, einer zu sein – damit du es ab jetzt besser machen kannst. (Wie, darauf kommen wir noch zu sprechen.)

Menschen dürfen Fehler machen.

Jahrhundertelanger Missbrauch, uralte Scham- und Schuldgefühle können in der Minute abfallen, in der du über sie sprichst und sie betrauerst. Du kennst sicher das befreiende Gefühl, »es« endlich gesagt zu haben.

Nutze diese Beichte für alles, was dich belastet. Gerade für die Angelegenheiten, die niemand je erfahren sollte. Ebendiese sind der Garant dafür, dass du dich auch weiterhin schlecht fühlst. Stell dich deiner Scham, wir bitten dich inständig darum. Es ist das Gefühl, das dich am sichersten davon abhält, deiner Bestimmung zu folgen.

Erinnere dich bitte an deine Bestellung – wir möchten liefern. Öffne die Tür, und lass Licht in den Keller deines Bewusstseins – führe eine Person deines absoluten Vertrauens hinein, und lache endlich über all deine früheren, frucht-

losen Anstrengungen, nicht einfach du selbst zu sein …
Bitte eine Person deines absoluten Vertrauens (vielleicht kennst du sogar einen Menschen, der einen ähnlichen Weg geht? Der eigene Partner ist nicht immer die beste Wahl für diesen Schritt), dir deine persönliche Form der Beichte abzunehmen – um all die Altlasten für immer loszulassen.
Schäme dich, habe Angst. Weine dabei, schreie, tobe – aber tu es!

***

Tiefes Verständnis für dich selbst, innige Liebe zu dem Wesen, das du bist, wird die Folge sein. Wir sind bei dir und danken dir von Herzen.

Zulassen,
weglassen,
loslassen –
darin besteht
die Kunst
des Lebens.

6. Die Entsorgung

Werde bereit, die Altkleider abholen zu lassen ...

Du hast dein Altkleiderpaket geschnürt, hast es einem anderen Menschen gezeigt, warum nun bitten wir dich um die Bereitschaft, es abholen zu lassen? Ist das nicht die logische Folge, braucht es dazu einen Extraschritt?

Ja, denn nun musst du dich ausdrücklich entschließen, ohne Rüstung, Netz und doppelten Boden weiterzuleben. Schau dir dein Bündel bitte noch einmal an. Hat es dir nicht gute Dienste geleistet? Sind es nicht allzu vertraute Verhaltensweisen? Wähntest du dich durch sie nicht gewappnet?

Falls du diesen Leitfaden bislang nur gelesen hast, ohne die Aufgaben abzuarbeiten, weißt du vielleicht nicht, dass sich unter all den Altlasten auch deine Süchte befinden, z. B. unglückliche Beziehungen haben, rauchen, trinken, sich Sorgen machen, zu viel Sex mit den falschen Personen haben, Sex aus Angst vor Nähe ganz vermeiden, zögern, hadern oder übermäßig essen. Gleichfalls sind außerdem die vertrauten Schuldzuweisungen darunter: um nicht selbst die Verantwortung übernehmen zu müssen, es anderen recht machen wollen, um nicht abgelehnt zu werden, das tiefe Nein zu eigenen komplizierten oder ungewöhnlichen Wünschen und Bedürfnissen – all das, was dich deiner Meinung nach auf der sicheren Seite stehen lässt.

Die Verantwortung übernehmen

Wir wissen, was hinter all diesen Verhaltensweisen steckt: Es ist offensichtlich der Preis, der zu zahlen ist, wenn eine Seele einen menschlichen Körper annimmt.

Wir möchten nun eine Information mit dir teilen, die nicht ganz ohne ist. Wir tun das in der Hoffnung, dass es dich nicht davon abhält, den ganzen Weg weiterzugehen. – Es ist die pure, nackte Existenzangst, die du spüren wirst, wenn du die Kontrollmechanismen aufgibst.

Nicht umsonst hast du dich all die Jahre verborgen und verbogen, gegen dein inneres Wissen gehandelt, Gefühle und Gedanken verdrängt. Wärest du nicht tief in dir der Meinung, dass du so, wie du bist, keine Überlebenschance auf diesem Planeten hättest, wärest du erst gar nicht auf die Idee gekommen, dich selbst zu verleugnen. Wer auch immer dir diese Überzeugung eingegeben hat – ob sie durch deine Eltern, durch bestimmte Ereignisse oder jahrelange Selbsthypnose in deinem Energiesystem Einzug halten konnte –, es ist nicht die Wahrheit. Doch alle, die auf der Erde leben, haben es geglaubt oder glauben es noch immer.

Es erfordert ungeheuer viel Mut, sich dieser Angst zu stellen. Doch gestatte uns, dir zu versichern, dass sie nichts als ein grauer Nebel ist, der sich zwischen dich und die Wahrheit über dein eigentliches Wesen geschoben hat.

Trau dich, du selbst zu sein.

Wage das größte Abenteuer deines Lebens – trau dich, du selbst zu sein! Und zwar ohne Abwehrhaltung, ohne Versteckspielen, ohne dich zu kontrollieren. Dann, und erst dann, bist du frei, dem zu folgen, was du tief in deinem Herzen spürst, deinem göttlichen Plan.

Es ist wie ein Sprung aus dem Flugzeug, das wissen wir wohl. Doch vertraue deinem inneren Fallschirm. Vielleicht hast du ja sogar Flügel?

In dem Moment, in dem du loslässt, kommt viel mehr Kraft, als du es jemals für möglich gehalten hast. Du bist geschaffen dafür, zu fliegen, frei zu sein, das zu tun, was sich von innen heraus kraftvoll, liebevoll und richtig anfühlt.

Du bist auf der Erde, um deine Energie zu verwirklichen, um deinen Seelenplan zu leben. Wir liefern dir den Mut und die Kraft dazu, wenn du mit Bereitschaft zahlst. Und sogar um diese kannst du uns bitten …

Schließ die Augen, und stell dir vor, wie du dein Altkleiderbündel auf die Straße legst.
Der Abholdienst kommt um die Ecke ...
Spüre, wie es sich anfühlt, wenn das Bündel unwiderruflich verschwindet. Bleib in dieser Vorstellung, bis du bereit bist, dich endgültig vom Alten zu trennen.

***

Wir freuen uns darauf, dir deine wahre Kraft zu zeigen.

Was immer du tun kannst oder wovon du träumst – tu es einfach!

7. Der Abholdienst

Bestell den Abholdienst.

Das kannst du immer und immer wieder tun. Jedes Mal, wenn du bemerkst, dass du auf eine altbekannte Weise reagierst, bitte darum, dass dieses Verhaltensmuster von dir genommen wird. Wende dich an die Kraft, die du im dritten Schritt erkannt hast, und sag: *»Nimm das bitte weg, wenn es nicht dein Wille ist.«*

Was geschieht nun? Zuallererst zeigst du mit deiner Bitte die bedingungslose Bereitschaft zur Veränderung. Allein das setzt deine unbewussten Kräfte schon in Bewegung. Dann folgt die schwierigere Aufgabe: Was tust du, wenn du tatsächlich spürst, dass die alten Verhaltensweisen nicht mehr funktionieren? Wenn du dich zunehmend schlechter dabei fühlst oder schlicht keine Lust mehr hast, immer und immer wieder den gleichen sturen Mustern zu folgen?

Nichts. Du gehst einfach weiter.

Denn so äußert sich das Wegnehmen: Tiefer Überdruss und Langeweile begleiten dich plötzlich, wenn du auf altbekannte Weise handelst. Es ist, als holtest du dein Altkleiderbündel wieder aus dem Sammelwagen und probiertest all die abgelegten, längst aus der Mode gekommenen, vielleicht zu engen Kleidungsstücke an, legtest sie gelangweilt weg, probiertest sie wieder – bis du es eines Tages lieber nackt aushältst, als noch ein einziges Mal in den alten Fetzen herumzulaufen.

Herauswachsen aus alten Verhaltensmustern

Wenn du an diesem Punkt angelangt bist, dann sagst du Dinge wie *»Ich weiß nicht, wie es geht, aber so, wie ich es mache, funktioniert es nicht«* – und du hörst auf, es auf deine (alte) Art zu tun. Nun bist du – vielleicht zum ersten Mal in deinem Leben – an dem Punkt angekommen, an dem echte Veränderung stattfinden kann. Du erlaubst eine Frage, ohne die Antwort zu kennen, du lässt dich ein auf: *»Ich weiß es nicht.«*

Es erfordert sehr viel Mut, die Ungewissheit auszuhalten, die nun folgt, denn du blickst in deine leeren Kleiderschränke und hast für eine Weile tatsächlich nichts anzuziehen. Du wirst dich sehr unsicher fühlen, das gehört zu diesem Schritt, denn du weißt nicht, was und wann wir dir liefern.

Wir bitten dich, diesen Test durchzuhalten. Er ist letztlich eine Frage an dich: Bist du wirklich bereit loszulassen, oder packst du doch alles wieder aus, schlüpfst in die alte Haut und machst damit deine Bestellung rückgängig? (Nur am Rande – auch das geht vorüber. Wenn du soweit gekommen bist, wirst du dermaßen unzufrieden mit deinem alten Leben werden, dass du gar nicht anders kannst, als irgendwann zu sagen: *»Ich weiß nicht, wie es gehen soll. Aber so, wie ich es kenne, funktioniert es nicht mehr ...«* Und dann kommen wir und helfen dir weiter. Immer. Wenn du es willst.)

Wenn du die Leere, die sich in dir ausbreitet, als Raum erkennst, in den neue Verhaltensweisen, neue Teile deiner selbst schlüpfen können, wirst du diese Leere nach und nach begrüßen, und du wirst beginnen, sie als echte Chance wahrzunehmen.

Leere schafft Raum.

Wir bitten dich noch einmal: Halte die Leere und die Unsicherheit, die du spüren wirst, wenn deine alten Verhaltensweisen von dir fallen, für eine kleine Weile aus. Es ist so leicht, doch wieder zur Zigarette zu greifen oder sich wieder einmal klein und schwach zu fühlen – und so viel schwerer, sich der Unsicherheit und dem Kontrollverlust hinzugeben. Doch genau hier liegt unsere Chance, neue, gesündere, kraft- und liebevollere Energien zu dir zu schicken.

Wenn du bewusst auf deine Art, den Dingen zu begegnen, verzichtest, die Schokolade nicht isst, die Zigarette nicht rauchst, die Schuldzuweisung lässt, die Idee aufgibst, du wüsstest sowieso, was geschieht, die Angst aushältst, dann schaffst du

Raum. Plötzlich wirst du dich vielleicht fragen, was du wirklich brauchst, wenn du dich doch dabei ertappst, auf eine deiner alten Weisen (siehe Schritt 4) zu handeln.

Bewusst verzichten

Du wirst spüren, wie sich die Fesseln zu lockern beginnen, wie du auf einmal die Möglichkeit hast, nicht zu reagieren, wie die alten Muster keine Macht mehr über dich haben. Vielleicht spürst du wie aus heiterem Himmel eine neue Art von Kraft, die sich klar und deutlich ausdrückt, Grenzen zeigt und Grenzen bei anderen anerkennt, Vertrauen hat und Probleme als Aufgaben erkennt.

Bitte erlaube uns, dich mit größerer Ausdruckskraft zu versorgen, dich mit neuen Möglichkeiten vertraut zu machen. Es gibt so viel mehr als deine kleine Welt, egal, wie groß sie ist. Auch in dir gibt es Engstellen, Strukturen, in denen du versteinert und festgefahren bist. Du spürst sie als Ängste, Selbsthass, sie äußern sich in Süchten, Wutausbrüchen, Existenzangst, in dem Gefühl, dass da doch bitte etwas mehr Freude sein dürfte.

Gerne! Lass los, und du bekommst mehr, als du jemals erbeten hast! Keine Sorge, du wirst weder zu einer leeren Hülse noch zu einer/einem Heiligen, wenn wir beginnen, deine alten Muster von dir zu nehmen und dich mit neuer Energie zu versorgen. Im Gegenteil, du wirst dich immer lebendiger fühlen. Du wirst spüren, dass du in deinem Leben ankommst, im Fluss bist, und du wirst dir Stück für Stück selbst begegnen.

Bitte deine innere Stimme – Gott oder wie auch immer du die Kraft nennst, die weiß, was sie tut – darum, dich zu dem zu machen, was sie im Sinne hatte, als sie dich schuf, und alles von dir zu nehmen, was dich daran hindert, voll und ganz lebendig zu sein.
Bitte einfach, immer und immer wieder.

***

Ja, das ist schon alles. Du brauchst nichts weiter zu tun, keine Kontrolle, kein Handeln, keine Arbeit ist nötig. Dieser Schritt verlangt etwas sehr viel Schwereres – nämlich dass du Veränderung zulässt.

8. Bilanz ziehen

Werde bereit, hinter dir aufzuräumen ...

Wenn du beginnst, eine Veränderung zu spüren, wenn du neue Seiten an dir bemerkst, kommt vielleicht der Wunsch, ein paar alte Angelegenheiten zu bereinigen.

Mit wem sprichst du schon seit Jahren nicht mehr? Wem möchtest du auf der Straße lieber nicht begegnen? Auf wen bist du schon seit Urzeiten böse? Wer hat dich so sehr verletzt, dass du ihn nie wieder sehen willst, wer kann das, was er dir angetan hat, nie wiedergutmachen? Und bei wem solltest du dich endlich entschuldigen? Wem schuldest du Geld, einen Gefallen, schlichtweg Dank?

Wir haben eine wichtige Nachricht für dich: Dieses Mal wird nicht das letzte Mal sein, dass du auf die Erde kommst, ebenso wenig, wie es das erste Mal ist. Alles, was du jetzt nicht klärst, begegnet dir wieder. Wenn du dich wirklich und wahrhaftig verändern willst, musst du – es tut uns leid, das in dieser Deutlichkeit sagen zu müssen – alte Kreise schließen und deinen Frieden mit allem machen.

Das Wunderbare ist, dass genau das beginnt, dein Wunsch zu werden, wenn du die hier beschriebenen Schritte machst.

Doch was kannst du tun? Das Wichtigste ist: Nimm es nicht zu ernst. Alle, die auf die Erde kommen, wissen, worauf sie sich einlassen, auch wenn sie es zum größten Teil in der Hektik der Geburt vergessen.

Mach deinen Frieden mit allem.

Nun nimm ein Blatt Papier und das, was du beim vierten Schritt geschrieben hast. Such die Stellen, an denen Dinge stehen wie: *»XY habe ich folgendes angetan …«* Schreib ihren/seinen Namen auf das neue Blatt.

Nun frage deine höhere Kraft (erinnere dich, du brauchst nichts mehr allein zu tun!), was es zur Wiedergutmachung braucht, und schreibe es dahinter.

Keine Sorge, du brauchst es hier und jetzt nicht zu tun. Es geht erst einmal nur ums Aufschreiben, also sei bitte ganz ehrlich.

Hast du dich selbst mit auf die Liste gesetzt? Mach das bitte, denn es gibt an dir selbst sicher sehr viel wiedergutzumachen. Was muss geschehen, damit du dir selbst vergeben kannst? Lass diese Frage in dein Inneres sinken, vertrau darauf, dass es eine Antwort gibt, und schreib sie auf.

Eines ist allerdings gewiss – um echte Wiedergutmachung zu leisten, musst du mit der verletzenden, schädigenden Verhaltensweise aufhören. Mindestens aber musst du bereit sein, es zu tun. Doch das hatten wir ja bereits im letzten Schritt, nicht wahr?

Bereitschaft aufzuhören

Erinnere dich: All das hast du längst mit einem anderen Menschen geteilt. Es geht nicht um Verurteilung oder Schuldzuweisung. Falls es doch dazu kommt, leg das Papier zur Seite, und bitte Gott, die alten Muster von dir zu nehmen (Schritt 7). Denn auch Selbstverurteilung und das Gefühl, unwiderruflich ein Opfer zu sein, gehören dazu. Wir sind bei dir, während du deine Liste schreibst.

Was ist aber mit denen, die dir Unrecht zugefügt haben? Lies, was du beim vierten Schritt geschrieben hast, noch einmal durch, und beantworte die Frage, inwieweit du daran beteiligt warst, bitte ganz ehrlich. Hast du deine Grenzen zu spät oder gar nicht gesetzt? Hast du den anderen herausgefordert? Tust du anderen Ähnliches an?

Erinnere dich, du warst schon oft auf der Erde. Kann es sein, dass sich hier eine Art »kosmische Gerechtigkeit« ausgetobt hat? Leidest du unter dem Bewusstsein, sowieso immer das Opfer zu sein, und forderst dein Schicksal damit geradezu heraus?

Die Zauberkraft der Vergebung

Wenn du deine eigene Beteiligung erkannt hast und noch immer das Gefühl bleibt, Unrecht erlitten zu haben, dann gibt es nur noch eine Möglichkeit, den Kreis zu schließen – die Zauberkraft der Vergebung. Jemandem zu vergeben heißt nicht, Dinge gutzuheißen oder wegzuwischen, es bedeutet, sie loszulassen.

»Aber damit öffne ich mich doch nur für neue Verletzungen!« magst du ärgerlich denken. Und: *»Ich halte nichts davon, die andere Wange auch noch hinzuhalten.«* Wir auch nicht, nicht in diesem Sinne. Doch erinnere dich, du hast deinen Anteil an der Verletzung erkannt, und nun brauchst du diese Form von Energie ab sofort nie wieder zuzulassen. Du darfst auf deine innere warnende Stimme hören, wenn jemand mit dem alten Spiel beginnen will, darfst dich wehren oder die Situation hinter dir lassen.

Ja, du darfst den Hörer auflegen, das Gespräch abbrechen, du brauchst nicht länger höflich und nett zu bleiben, wenn dich jemand verletzt oder demütigt, ob er es absichtlich tut oder nicht.

Vor dem Vergeben muss – das ist äußerst wichtig, sonst bleibt die Energie gebunden – eine echte

Reinigung stattfinden. Weine, schreie, schreibe wütende Briefe, auch wenn du sie vielleicht nicht abschickst. Tobe, fühle mit dem verletzten Teil in deinem Inneren. Dann lass los. Wenn du das nicht kannst, bitte uns, es von dir zu nehmen – und spüre erstaunt die Leere, die kommt, wenn die Wut und der Haß verschwinden, denn auch damit kann man sein Leben ausfüllen ...

Erst reinigen, dann vergeben

Wenn du nicht weißt, auf welche Weise du etwas wiedergutmachen kannst, dann richte deine Frage nach innen. Du stehst mittlerweile so gut mit klaren, gesunden, liebevollen Kräften in Verbindung, dass wir keine Sorge haben, du könntest ohne Antwort bleiben.

Woher aber soll die Bereitschaft kommen, Dinge zu Ende zu bringen (den längst fälligen Anruf zu erledigen; Geld zurückzuzahlen, auch wenn du vielleicht nicht weißt, aus welchen Taschen du es zaubern sollst; jemandem zu vergeben, der dir sehr weh getan hat, der dich vielleicht sogar ruiniert hat)?

Bitte darum. Auch Festhalten gehört zu den Energien, die du in dein Altkleiderbündel schnüren solltest. Wenn du den klaren Wunsch hast, hinter dir aufzuräumen, dann wirst du eines Tages die Kraft und den Mut dazu spüren. Dann wirst du bereit sein, Verantwortung für das zu

Dinge zu Ende bringen

übernehmen, was du in der Vergangenheit, als du noch nicht im Vollbesitz aller deiner geistigen Kräfte warst, angerichtet oder zugelassen hast.

Warum gleich bist du auf die Erde gekommen? Um zu lernen, du selbst zu sein. Mehr ist es nicht. Dabei darfst du durchaus Fehler machen. Doch nun ist es an der Zeit, damit aufzuhören, und zwar ganz ohne Dramatik, ohne erhobenen Zeigefinger. Denn: Es gibt jetzt weit bessere Möglichkeiten, dein Leben zu gestalten.

Hinter dir aufzuräumen hat die ungeheuer befreiende Folge, dass du ganz im Hier und Jetzt ankommst. Die Energien, die an alte, längst vergangene Ereignisse gebunden waren, werden frei und stehen dir für neue Aufgaben zur Verfügung. Vielleicht entsteht schon beim Lesen der Wunsch, frei zu werden, die Vergangenheit endgültig hinter dir zu lassen und offen zu werden für neue, aufregende Erlebnisse …

Wie aber wirst du bereit?

Erinnere dich, du darfst bitten. Wir wissen sehr gut: Die Bereitschaft zu finden ist oft das Schwerste.

Eine Anmerkung zum Schluss: Wenn du jemandem wehgetan hast, weil du deine Gefühle ausgedrückt hast und sie demjenigen nicht gefallen haben, gehört das nicht auf die Liste. Es sei denn, du möchtest dich für die Art, wie es geschehen ist, entschuldigen. Einen Menschen zu verlassen, weil man ihn nicht mehr liebt, ein klares Nein zu sagen, wenn es sich in dir nach einem Nein anfühlt, sich abzugrenzen und die Bedürfnisse anderer nicht zu erfüllen – das sind keine Punkte für die Liste, auch nicht, wenn du deswegen Schuldgefühle hast. Klar zu sein und zu sagen, was *ist*, verletzt vielleicht manchmal, aber wenn du es liebevoll tust, ist es sogar deine Aufgabe, die Wahrheit zu sagen. Erinnere dich: Nichts anderes möchtest du lernen!

Du musst es niemandem recht machen

Schreibe eine Liste aller Personen, denen du Schaden zugefügt hast. Schreibe die Art der Entschädigung, die erforderlich ist, dahinter – und dann bete um die Bereitschaft und die Kraft, diese zu leisten.

***

Tiefer innerer Frieden wird deine Belohnung sein.

9. Ausgleich

Räume nun hinter dir auf, es sei denn, du wirbelst damit nur noch mehr Staub auf.

Sicher verstehst du, dass du in deiner neuen Begeisterung, alle Beziehungen zu klären, alles wiedergutzumachen, über die Stränge schlagen könntest. Das kann geschehen, wenn du die Angemessenheit deiner Möglichkeiten nicht sorgfältig prüfst.

Es ist wenig sinnvoll, dem Finanzamt einen glühenden Brief zu schreiben, vielleicht ein paar Glitzersterne und eine getrocknete Rose hineinzulegen und dich zu deiner Steuerhinterziehung zu bekennen (obwohl sogar das in einigen Fällen genau das Richtige sein kann). Frag deine innere Stimme nach dem Weg, der für dich richtig ist. Vielleicht hast du Glück und dein Steuerbeamter kennt diese Schritte in dieser oder anderer Form, aber es ist wahrscheinlicher, dass du ein Bußgeldverfahren angehängt bekommst. Dann hast du dich selbst geschädigt, und das ist nicht Sinn der Wiedergutmachung.

Im Einzelfall kann das zwar genau das Richtige sein, beachte aber bitte, dass Selbstbestrafung nicht im Sinne der Schöpfung ist. Schau auf die Liste, und lies nach, was du aufgeschrieben hast, welche Art der Wiedergutmachung du im Sinn hattest. Sei sicher, es gibt eine, die dich nicht schädigt. Ein Opfer wird sie dir allerdings wahrscheinlich abverlangen. Aber wenn du um die Kraft und die Bereitschaft, es zu erbringen, bittest, wird es innerhalb deiner Möglichkeiten sein.

Auch der Frau deines Geliebten zu beichten ist eher verletzend und egoistisch als liebevoll und klärend, denn sie hat nichts mit deinem Verhalten zu tun. Frag deine innere Stimme, was der beste Weg für dich ist. Vielleicht geht es darum, eine Entscheidung zu fordern oder zu treffen, vielleicht auch um etwas anderes.

Die wichtigste Regel beim Wiedergutmachen lautet:

Setz die Verletzungen nicht weiter fort. Hör auf der Stelle damit auf, dir oder anderen Schaden zuzufügen, auch dann, wenn du glaubst, es gäbe keine andere Möglichkeit.

Setz die Verletzungen nicht weiter fort.

Und ja, vielleicht musst du diese Beziehung beenden, wenn sie dir Schaden zufügt. Vielleicht musst du den Kontakt zu deinen Eltern verändern, um dich (oder sie!) nicht weiterhin zu schädigen. Und vielleicht musst du die Arbeitsstelle kündigen. Wir sind hier und halten das Neue schon bereit.

Bitte darum, einen Weg gezeigt zu bekommen, der dich Kreise schließen lässt. Meistens genügt ein von Herzen kommendes: *»Ich bitte dich um Verzeihung für …«*

Kreise schließen

»Aber wie kann ich meine Mutter erreichen und sie um Vergebung bitten, sie hat diese Erde viel zu früh verlassen!« rufst du mit Tränen in den Augen. Kleine Seele, sie hört dich. Sie bekommt den Brief, sie nimmt wahr, was du sagst. Du kannst ein Kissen nehmen, ihr Photo darauf legen, dich davor setzen und alles sagen, was du zu sagen hast. Sprich sie direkt an: *»Was ich dir schon immer sagen wollte, Mutter …«*

Und wenn du sie anklagen willst, wenn es Dinge gibt, die du ihr zu verzeihen hast, weil sie dir bitter unrecht getan hat? Weil sie weggeschaut hat, als es dir schlechtging? Weil sie gestorben ist, obwohl du sie noch brauchtest?

Du darfst wütend sein. Schuldgefühle zu haben, weil du Wut und Ärger hinsichtlich Personen empfindest, die diese Erde verlassen haben, ist unangemessen. Es sind deine Gefühle. Sie sagen nichts über die Seele aus, die gegangen ist. Wenn du traurig bist, wütend, enttäuscht, ist das ein Teil *deiner* Energie, und somit darf es sein, wie es ist. Erlaubst du dir nicht, das zu fühlen, bleibt die Energie gebunden, und du wirst in diesem

Bereich unfrei bleiben. Echte Liebe kann nur fließen, wenn du bereit bist, alles zuzulassen, was du spürst, erst recht die Gefühle, für die du dich schämst und die dir geradezu gotteslästerlich vorkommen.

Du darfst wütend sein.

Nimm also ein Kissen, befestige darauf ein Photo, und setz dich davor. Dann sprich uns nach: *»Mutter, ich verneige mich vor deinem Schicksal.«* (Das ist wichtig, damit du das Gefühl zulässt, dass du sie dennoch würdigst). *»Ich habe dir etwas zu sagen: Ich bin bereit, dir zu verzeihen, dass ...«* Und nun sprich (und wein) dich aus.

Dieser Schritt ist eine echte Prüfung. Bist du wirklich zum Neubeginn bereit, so sehr, dass du dein Verhalten von Grund auf ändern willst? Du verstehst: Neue Wege können nur durch neues Verhalten gegangen werden. Aber wenn du bis jetzt in den Schritten gearbeitet hast, verfügst du schon längst über die Kraft und den Mut dazu. Erlebe die Erleichterung, alte Geschichten geklärt zu haben, den schon seit Jahren fälligen Anruf erledigt zu haben – und, war es wirklich so schlimm?

Vielleicht ja, aber du hast es geschafft. Wir sind bei dir, wenn du diesen Schritt tust, wir unterstützen dich und entfalten die richtigen Situationen. Hab bitte ein wenig Vertrauen und Geduld. Und bitte scheu dich nicht, dir Hilfe zu holen. Es gibt eine immer größer werdende Zahl sehr guter Therapeuten, unterstützender Literatur, und es gibt Selbsthilfegruppen, in denen du den Umgang mit diesen Schritten lernen kannst (nähere Informationen dazu im Anhang).

Neue Wege werden durch neues Verhalten gegangen.

Was aber geschieht, wenn der, den du um Vergebung bittest, nicht bereit dazu ist? Wenn er nicht verzeihen will, wenn es nur mehr von dem alten Streit gibt? Lass dich auf nichts ein, das Letzte, was du brauchst, ist mehr Ärger in deinem Leben. Beende das Gespräch, bitte um Vergebung, aber bettle nicht. Auch die Tage der Selbsterniedrigung sind vorbei. Wenn dir jemand nicht vergeben will, hat das keinen Einfluss auf dich. Es ist seine Angelegenheit und gehört in seinen vierten Schritt, falls er ihn jemals tut. Es beeinträchtigt nicht deine Wandlung, vorausgesetzt, du bist nun bereit, ihm zu verzeihen, dass er dir nicht vergibt …

Und das Finanzamt? Bezahlen musst du, keine Frage. Bitte Gott oder deine innere Stimme, dir zu zeigen, wie du die Wiedergutmachung leisten kannst. Rede mit anderen, die diese Schritte gehen. Tief innen weißt du, was nötig ist. Das kann eine anonyme Spende an das Finanzamt selbst sein oder an eine Hilfsorganisation. Mitunter genügt die Bereitschaft, die Schulden zu bezahlen, und der Gläubiger findet selbst einen Weg.

Bitte um Vergebung, aber bettle nicht.

Deine Schuldgefühle lassen sich nicht täuschen. Du wirst dich erst dann wirklich gut fühlen, wenn alte Schulden so beglichen sind, dass der Kreis geschlossen ist.

Manchmal verlangt dieser Schritt mehr, manchmal auch viel weniger von dir, als du erwartest. Sei sicher, das Geld, das du brauchst, um deine Schulden zu bezahlen, kommt zu dir. Wenn du es wirklich ernst meinst, kannst du dich darauf verlassen, du wirst mit allem versorgt, was du brauchst. Vielleicht musst du dein Auto verkaufen. Vielleicht musst du sehr kleine Brötchen backen oder dich mit deinem Gläubiger auf Raten von fünf Euro pro Monat einigen. Vielleicht erwirkst du einen Vergleich, oder du erhältst eine ganz andere innere Anweisung.

Aber erinnere dich, du wirst schon längst geführt. Was wäre, wenn auch das alles zu deinem kosmischen Plan gehörte? Woher weißt du, dass nicht genau dieser vielleicht sehr schwierige Schritt nötig ist, um dich zu völlig neuen Möglichkeiten zu führen?

Du wirst vertrauen lernen, und zwar darauf zu vertrauen, dass du ruhig ein bisschen mutiger und aufrichtiger sein darfst, ein bisschen ehrlicher und fordernder. Es ist dein Recht, mit allem versorgt zu sein, du darfst es von uns einfordern. Trau dich, zu tun, was deine innere Stimme dir aufträgt.

Es ist dein Recht, mit allem versorgt zu sein.

Du weißt nicht, woher das Geld kommen soll? Zahle es trotzdem, und lass es zur Not lieber »krachen«, als dass du länger mit schlechtem Gewissen und dem Gefühl herumläufst: *»Ich sollte …«*

»Keinen Staub aufwirbeln« bedeutet nicht, dass du deine Angst nicht zu spüren brauchst. Angst ist nur ein Gefühl, eine Engstelle, dadurch schaffst du keinen neuen offenen Kreis. Im Gegenteil, du hältst einen bestehenden Kreis in Schwung, wenn du dich der Angst, die darin gebunden ist, widersetzt.

Wir möchten dich noch einmal daran erinnern: Reine Lippenbekenntnisse sind verschwendeter Atem. Wir erkennen an deiner Energie, ob du wirklich wiedergutmachen willst oder ob du nur glaubst, du solltest es tun. Du wirst dich nur dann besser fühlen, wenn du die Verantwortung für deine Angelegenheiten zu tragen beginnst, wenn du dich ohne erneute Schuldzuweisung zu dem bekennst, was

Deinen Anteil erkennen.

dein Anteil an dem Streit, der Steuerhinterziehung, dem Betrug oder was auch immer war.

Deinen Anteil erkennen

Du weißt es mittlerweile so viel besser. Du hast bereits um deine fehlgeleiteten Gefühle und Gedanken getrauert, hast die alten Sachen bereits losgelassen! Es ist jetzt leicht, um Vergebung zu bitten, denn du siehst deine Verfehlungen nun in unserem Licht – im Licht der Liebe, des Verständnisses, der Kraft und der Klarheit. Du hast dich an einigen Stellen falsch entschieden, weil du vergessen hast, dass du immer und immer mit der unendlichen Schöpferkraft verbunden bist. Mehr ist nicht passiert. Und weil du das jetzt weißt, kannst du die Kreise ganz leicht durchbrechen. Wir sind mit dir, wir danken dir so sehr für deine Bereitschaft, zu dem zu werden, was Gott gemeint hat, als er dich schuf.

Telefoniere, schreib Briefe, bezahl alte Rechnungen.
Tu, was zu tun ist – dann lass los.
Schließ die alten Kreise, ohne neue zu schlagen.
Ist dir klar, was dadurch geschieht? Du steigst aus dem Rad des Schicksals aus, schaffst dir

selbst die Möglichkeit, wirklich und wahrhaftig von vorn zu beginnen.

***

Spürst du den Frieden, die Gelassenheit, die Freude? Es wird dir von Tag zu Tag besser gehen, weil du Raum geschaffen hast. Raum für Kraft, Liebe, Freude, Mut, Wahrheit, Schönheit und Frieden. Du näherst dich von Tag zu Tag mehr deinem wahren Wesen.

10. Neue Gewohnheiten

Mache es dir zur Gewohnheit, deine innere Bestandsaufnahme fortzusetzen. Falls du doch einmal nicht aus Liebe, sondern aus Angst handelst, gib es bitte sofort zu.

Mit dem neunten Schritt haben wir die Vergangenheit abgeschlossen und zum Besten gewendet. Deine Energien sind sehr viel klarer und kraftvoller als zu Beginn unseres Gesprächs, doch wir hören hier noch längst nicht auf. Was wir dir hier mitgeben, ist ein lebenslanges Programm, du kannst es anwenden, solange du auf der Erde weilst.

Unterschätze bitte nicht die Kraft deiner alten Verhaltensmuster. Sie werden sich immer wieder bemerkbar machen. Vielleicht werden einige Verhaltensweisen auch erst im Laufe der Zeit deutlicher für hier.

Wenn du liebevoller und wahrhaftiger wirst, bekommst du die Kraft, tiefer und tiefer zu spüren. Du wirst schichtweise neue Engstellen entdecken, auf Situationen treffen, in denen sich deine Seele noch nicht so ausdrücken kann, wie sie es gerne möchte.

Je klarer und empfindsamer du wirst, um so rascher und deutlicher kannst du die Stellen in deinem Inneren erkennen, an denen du noch nicht ganz du selbst bist. Manchmal wird es sogar scheinen, als wärst du auf den Beginn zurückgeworfen, doch das sieht nur so aus. Es ist eine andere Schicht, eine tiefere, du wirst sie schneller loslassen können, und die Freude, die dich durchströmen wird, dringt tiefer in dein Herz ein.

Vielleicht wirst du dich verzweifelt fühlen: »Hört das denn nie auf!« hören wir euch oft stöhnen. Bedenke bitte, wie oft du bereits auf dieser Erde wandeltest, gefangen in deinen eigenen Verhaltensfesseln. Alle Energieschichten sind darauf abgestimmt, auf deine alte Weise zu fühlen, zu denken, zu handeln. Du hast die Welt lange durch deine fast undurchsichtige Brille betrachtet.

Du brauchst einfach Zeit, um all das Neue zu verarbeiten. Wenn sich die Dinge zu rasch verändern, bekommst du vielleicht Angst, fühlst dich allzu unsicher, verhärtest sogar wieder an einer Stelle, nur damit eine andere sich öffnen kann. Es ist ein Prozess, der Zeit braucht. Und war nicht Ungeduld sowieso eines der Dinge, die du längst aus deinem Schrank aussortieren wolltest?

Du brauchst Zeit, um all das Neue zu verarbeiten.

Hab Geduld, und lerne, immer ehrlicher zu

sein. Die Bereitschaft, die Augen offenzuhalten und jede Verhaltensweise, die auf Angst und nicht auf Liebe gründet, zu erkennen, ist eine sehr, sehr mutige Entscheidung. Du stellst dich nach und nach all den Gefühlen, die dich so erschreckt haben, dass du dich lieber selbst zerstört hast, als sie zu spüren. Es sind nur Engstellen, Energien, die verwunschen sind. Du brauchst sie nicht länger zu bewerten oder dich dafür zu verurteilen. Du lernst, dich mehr und mehr wahrzunehmen und so zu lieben, wie du bist, mit allem, was sich an schon erleuchteten und noch unerleuchteten Teilen in dir befindet.

Hab Geduld.

Halte deine noch unerleuchteten Anteile in unser Licht, indem du sie offen zugibst und darauf verzichtest, sie weiter auszuleben, dann verwandeln sie sich zurück in das, was sie ursprünglich waren – ein Teil deiner Kraft.

Vielleicht erkennst du, dass du neidisch bist und andere verachtest, wenn sie mehr haben, als du zu haben glaubst. Dann ist Mangelbewusstsein die Ursache, das Gefühl, nicht verbunden zu sein mit dem Reichtum des Lebens. Vielleicht entdeckst du in tieferen Schichten eine Art »heiligen Zorn«, Wut auf Gott, den Wunsch, aus der Erfahrung »Erde« auszusteigen, vielleicht spürst du Todessehnsucht, tiefe Verzweiflung und eine Hoffnungslosigkeit, die dir den Atem nimmt.

Auch das gehört dazu, von hier aus schlängeln sich deine selbstzerstörerischen Verhaltensweisen in deinen Alltag. Hier liegen ihre Wurzeln. Das Gefühl, nicht genug Kraft zu haben, nicht mit allem versorgt zu sein, was du brauchst, und vor allem der Schock darüber, wie sich langsam schwingende Energien anfühlen (nämlich wie Schmerz, Ärger, Hass, Verzweiflung), ist die Ursache aller Abkehr von deiner wahren Kraft.

Kannst du dir vorstellen, wie es sich für eine freie, liebevolle Seele anfühlt, sich plötzlich in einem engen, dichten Körper gefangen zu wähnen, Gefühle zu haben, Angst zu spüren, verurteilt und bewertet zu werden, sich um Geld kümmern zu müssen und am Ende auch noch die Erfahrung des Todes zu machen? Ja, du kannst das, wir wissen es.

Eine freie, liebevolle Seele

Und dabei sollst du noch offen, verbunden, liebevoll und dergleichen bleiben, damit du alles auch ganz deutlich mitkriegst. Doch das schafft keiner. Jeder Mensch, der auf die Erde kommt, verschließt einen Teil seiner Seele, um nicht alles spüren zu müssen. Manche nehmen ihren Körper nur sehr zaghaft an, gerade so, dass sie überleben, doch der größte Teil ihrer Energie bleibt zwischen Himmel und Erde hängen. Einige kommen zwar mit sehr viel Kraft in ihren Körper, doch sie haben ihre Kontrollmechanismen im Handgepäck, sodass sie sich erst gar nicht wirklich auf das einlassen, was sie spüren könnten.

Das Hiersein voll und ganz annehmen

Du weißt selbst am allerbesten, welche die von dir bevorzugte Überlebensstrategie war. Doch nun darfst du dir erlauben, mehr und mehr loszulassen. Deine Seele ist erwachsen, du darfst dich langsam und liebevoll öffnen, alles spüren, was ist, und das Leben in vollem Umfang zulassen. Du hast die Kraft dazu erworben. Im Laufe vieler Leben bist du immer stärker geworden.

Jetzt ist genau der richtige Zeitpunkt dafür: Lass dich tiefer und tiefer sinken, bis hinein in die Wurzeln deines Kummers, gehe durch die Hoffnungslosigkeit und das Gefühl der vollkommenen Sinnlosigkeit hindurch. Auch das geht vorüber, auch das ist nur ein Schleier, der dich von deiner Kraft und Liebe trennt. Wir wissen, du bist auf dem Weg, und wenn es nur für heute, nur für diese eine Minute ist. Wenn du dich daran erinnerst, dass du nur für diesen einen Tag lebst, dass du nur für die nächsten paar Stunden Kraft brauchst und morgen neue Energie bekommst, dann schaffst du es.

Für heute schaffst du es. Manchmal ist das »für heute« nur »für die folgenden fünf Minuten«. Aber die wirst du schaffen, und erst dann kommen die nächsten. Wenn du dein Leben nicht mehr als Problem siehst, das du zu lösen hast, sondern als Erfahrung, die du machst – jetzt, jetzt, und wieder jetzt –, dann kannst du es schaffen. Du hast die Kraft. Jetzt, in dieser Sekunde hast du sie, und in der nächsten bekommst du die Kraft für die nächste.

Du schaffst es.

Ihr lebt im Phänomen »Zeit«, das überwältigt manchmal. Doch erinnere dich: Du hast nur das Jetzt. Und wieder das Jetzt.

Heißt das, du sollst nie an die Zukunft denken? Im Prinzip ja. Alles, was du heute tun kannst, das tust du mit der Energie, die dir heute dafür zur Verfügung steht. Sei es, in eine Rentenkasse einzuzahlen, Wäsche zu waschen, an deinem vierten Schritt zu schreiben oder einzukaufen, weil du morgen Freunde zum Essen eingeladen hast. Kümmere dich um die Dinge, die du heute tun kannst, erledige sie gelassen und mutig – den Rest läßt du dort, wo er hingehört, nämlich in den Bereich der zukünftigen Möglichkeiten.

Jetzt ist der richtige Zeitpunkt.

Um im Bild zu bleiben – du hast im vierten Schritt deinen Kleiderschrank ausgeräumt, und alles ist weggebracht. Jetzt geht es darum, vergessene Schubladen zu durchforsten, vielleicht den Dachboden zu entrümpeln, hinter den Schränken nachzusehen. Vielleicht stellst du beim Tragen eines noch intakten Kleidungsstückes fest, dass es dir nicht mehr gefällt, obwohl es durchaus noch passt: Dann nichts wie weg damit!

Wenn es Verhaltensweisen gibt, die »eigentlich« ganz in Ordnung sind, aber nicht mehr zu dir passen, dann lass sie. Du wirst in immer tieferen Schichten auf Ängste stoßen, auf Trauer, auf Schmerz, Enttäuschung und Wut. Erlaube ihnen da zu sein, sie sind ein Teil deiner Wahrheit und deiner Kraft. Durchlebe sie, dann lass sie los. Du schaffst damit Raum für immer mehr Freude und Liebe.

Raum für immer mehr Freude und Liebe

Sei aufmerksam und sehr ehrlich dir selbst gegenüber.
Entschuldige dich, wenn du unrecht hattest, und setze die innere Bestandsaufnahme fort.
Schaffe noch mehr Raum für noch mehr Freude!

***

Wisse, ihr entwickelt euch als menschliche Wesen nach und nach, es ist ein Prozess, kein einmaliger Vorgang, der mit der Geburt oder vielleicht dem Erwachsenwerden abgeschlossen ist.

Immer neue Teile deiner Seele strömen in dein Energiefeld hinein – wenn es Raum dafür gibt. Nichts anderes geschieht – du lässt Raum für dich selbst, indem du das, was dir nicht länger entspricht, loslässt und die Leere aushältst, so lange sie dauert.

11. Der Lebensplan

Es ist an der Zeit,
die »Hotline« nach oben
zu stärken und die kosmische Kraft
nach ihrem Willen für dich zu fragen.
Bitte nur um die Kraft, ihn auszuführen –
ihren und nur ihren Willen,
nicht deinen und ihren abwechselnd ...

Du schaffst Raum, du räumst in dir auf, du stellst dich deinen Ängsten, hältst die Leere aus – jetzt ist es Zeit, dich um deine Verbindung zu uns zu kümmern. Wir spüren dich sehr gut, wir können deine Energien wahrnehmen, wir wissen, wer du bist – aber was ist mit dir?

Du liest diese Zeilen, sie sind auf festem Papier geschrieben, somit existieren sie nachweislich in deiner Welt. Aber was tust du, wenn du allein in deinem Zimmer sitzt, wenn du keinen irdischen Weg findest, an Informationen heranzukommen, wenn du ganz unmittelbar und plötzlich Energie brauchst, Führung, eine andere Art, Dinge zu tun?

Du hast schon längst Kontakt zu uns aufgenommen, du spürst vielleicht bereits, dass wir wirklich sind, wirksam und vorhanden, auch wenn du uns nicht auf herkömmliche, irdische Weise wahrnimmst. Trotzdem sind wir hier.

Es ist deine Aufgabe, deine Art der Wahrnehmung zu schulen, dein Gehirn hat diese Möglichkeit. In eurer körperlichen Evolution ist die spirituelle bereits angelegt, die Werkzeuge sind vorhanden. Es gibt Teile deines Gehirns, die nur dazu dienen, deine spirituelle Wahrnehmung zu aktivieren. Genauso wie du siehst, hörst, schmeckst und spürst, kannst du lernen, höhere Energieformen wahrzunehmen. Dieser Teil eurer Gehirne ist noch wenig genutzt, deshalb benötigt ihr ein bisschen Übung (im Gegensatz zum Sehen, Hören, Tasten usw., das ihr seit Tausenden von Jahren praktiziert; deshalb stehen euch diese »Werkzeuge« bereits voll ausgereift zur Verfügung, wenn ihr geboren werdet).

Die Wahrnehmung schulen

»Bewusstseinserweiterung« heißt das Zauberwort. Es bedeutet genau das, was es aussagt. Dein Bewusstsein erweitert sich, sodass du immer höhere Energiefelder, mehr Liebe, Freude und Kraft zu spüren beginnst. Vielleicht hörst du Worte, siehst du Farben, vielleicht reagierst du mit deinem Gefühlskörper. Genauso wie es Licht gibt, das dein Auge nicht wahrnehmen kann, weil es keine Übung darin hat, gibt es Bewusstseinsformen, die bis zur höchsten Form, der Einheit, dem Licht oder Gott selbst reichen, die du nur verschwommen oder gar nicht erkennst. Das heißt aber nicht, dass wir nicht da sind …

Also, geliebtes Wesen, ein bisschen Training ist angesagt. Deine persönliche Evolution findet statt, wir unterstützen dich dabei, doch der Anstoß muss von dir kommen, denn du hast nun mal einen eigenen, freien Willen. Wenn du ihn dem Willen deiner höheren Macht unterordnest, muss auch das deine Entscheidung sein.

Es gibt mittlerweile sehr viele Techniken, mit denen du deine noch schlafenden Gehirnteile aktivieren kannst. Meditation ist ein guter Anfang, Beten ein anderer. Einige von euch trainieren auch ganz unspektakulär beim Spazierengehen, beim Schreiben, andere lieben es, Kerzen anzuzünden, Edelsteine zu tragen oder entsprechende Kurse zu belegen. Es ist gleichgültig, für welche Techniken du dich entscheidest. Wir bitten dich nur, verbringe jeden Tag ein paar Minuten mit uns, damit du lernst, unsere Energien wahrzunehmen.

Meditation ist ein guter Anfang.

Wir sprechen von »uns« und »dir«, als wären wir getrennt, das tun wir, damit es dir leichter fällt, die Informationen aufzunehmen. In Wirklichkeit gilt es, dich dir selbst zu öffnen, deinen eigenen höheren Energien, die vorhanden sind, auch wenn du sie im Moment noch nicht wahrnimmst. Hier oben scheint die Luft dünner zu sein, die Informationen verschwommen, die Farben sehr undeutlich, wir wissen, wie oft du uns um Antworten anflehst und sie dennoch nicht zu bekommen scheinst.

Wir sind eins.

Es ist deine Wahrnehmung, die dich hindert, bitte glaube uns, für den Weg zu uns brauchst du nur ein bisschen Geduld und Ausdauer. Es ist dein Körper, der noch nicht gelernt hat, unsere – deine! – Energien wahrzunehmen, bitte hab ein bisschen Verständnis für ihn. Gerade jetzt, während du dies liest, verschalten sich Millionen von Gehirnzellen, um mehr Bewusstsein zulassen und mehr wahrnehmen zu können. Gib uns und deinem Gehirn nur zehn Minuten täglich.

»Aber wozu denn das alles?« fragst du vielleicht zweifelnd (und ein wenig gestresst). Nun, worum ging es denn, als du auf die Erde kamst? Du wolltest mehr Liebe, Kraft, Schönheit, Freude oder was auch immer zulassen, du wolltest lernen, du selbst zu sein. Dazu brauchst du neue Instrumente.

Wenn du dein Leben der Kraft anvertraust, die weiß, was das alles soll und was sie tut, brauchst du eine stabile Verbindung zu ihr. Wie sollst du lernen, ihren Willen zu tun, wenn du ihre Worte nicht verstehst?

Sicher hast du schon längst bemerkt, worum es geht. Du hast deinen Eigenwillen bereits abgegeben, bittest schon längst um Führung. Öffne dich für uns, lerne, deine innere Stimme, über die wir zu dir sprechen, immer besser zu hören.

Wenn du bereit bist, dich uns ganz anzuvertrauen, nur noch nach deinem Herzen oder deiner Intuition zu handeln, wirst du auch immer die Kraft dazu erhalten. Es ist sehr, sehr mutig und gewagt, und es ist eine nicht gern gesehene und, von außen betrachtet, haltlose Weise, sein Leben zu leben. Andere mögen dich für ein bisschen merkwürdig halten, für unvernünftig und abgehoben. Sich still hinzusetzen und in sich zu lauschen ist nicht die übliche Weise, Dinge zu entscheiden oder Verabredungen zu treffen.

Öffne dich deiner inneren Führung.

Doch vielleicht bemerken andere auch eine ganz neue Entschlossenheit, mit der du dich den Dingen stellst, die anstehen. Vielleicht wirst du angehalten, deinen Job zu kündigen, in eine andere Stadt zu ziehen, einen Menschen anzurufen, einen Brief zu schreiben oder einen Kurs zu belegen – dann bitte um die Kraft dazu, und folge. Vielleicht spürst du, dass du eine Lebensversicherung abschließen solltest, deine Wohnung streichen, dein Auto zur Reparatur geben oder einen Zahnarzttermin ausmachen solltest – bitte um die Kraft, das zu tun, und tu es.

Gottes Willen zu tun bedeutet genau das – tu es einfach.

In die Stille gehen und lauschen

Du hast Angst? Okay, und jetzt tu es. Angst ist nichts als eine (zugegebenermaßen äußerst intensive) Illusion, eine jener Engstellen, an der du vergessen hast, dass du ein Teil Gottes bist.

Du bist unsicher, weißt nicht, wie es weitergeht? Gut, und jetzt tu es.

Du befürchtest das Schlimmste, willst das Ergebnis einer Untersuchung gar nicht wissen, hast keine Ahnung, woher das Geld kommen soll? Wir haben es vernommen, danke – und jetzt tu es.

Es gibt nur diesen einen Weg. Energie wirkt nur, wenn du sie umsetzt, das ist überhaupt deine einzige Aufgabe. Deshalb, und nur deshalb, hast du einen menschlichen Körper, ja, existiert das Phänomen »Erde« überhaupt – damit du es tun kannst.

Folge der Energie, indem du ihr einen Ausdruck verschaffst. Das – und nur das – ist deine Aufgabe. Wandle schöpferische Energie in Tatkraft um. Die schöpferische Energie kommt von oben, von Gott, durch deine Seele oder wie immer deine Worte dafür sind – die Tatkraft kommt von dir. Damit findest du deine Bestimmung. Du bist nichts weiter als ein wunderschönes Werkzeug der einen Kraft im Universum, die weiß, was sie tut, die einen Plan hat und die durch und durch Liebe ist.

Wandle schöpferische Energie um in Tatkraft.

»Nichts weiter als ein Werkzeug, na, vielen Dank«, beschwerst du dich vielleicht. Doch dieses »du« bezieht sich nur auf die Anteile deiner Selbst, die sich getrennt von Gott fühlen, die nicht wissen, dass auch sie Ausdruck der einen Schöpferkraft sind.

Sie umwerben dich, diese Anteile in dir, die vergessen haben, dass sie zur göttlichen Kraft gehören und deshalb in Wirklichkeit gar nicht anders können, als sich in schöpferische Energie umzusetzen.

Es gibt keinen echten Wunsch in dir, getrennt von Gott zu sein und alles auf deine Art zu machen, es gibt aber die tiefe Sehnsucht, dich mit allem verbunden und an deinem Platz zu fühlen. Sei sicher, es wird sich mehr denn je nach deiner Art, die Dinge zu tun, anfühlen, weil du ein einzigartiger Ausdruck der Schöpferkraft bist.

Deine Art, Gefühle auszudrücken, eine Steuererklärung zu machen, zu sagen, dass du jemanden liebst, zu malen, eine Massage zu geben oder überhaupt zu sein, ist einzigartig im Universum, doch die Energie, die dich speist, ist universell.

Wir brauchen dich, wir brauchen genau deine Art, die Schöpferkraft auszudrücken, deshalb bitten wir dich hier noch einmal inständig: Lass alles, was sich nicht nach dir selbst anfühlt, weg. Trau dich, nur du selbst zu sein und nein zu sagen zu allem, was deiner tiefen Wahrheit nicht entspricht, um nichts weiter geht es in diesem Leitfaden.

Eine tiefe Sehnsucht nach Verbundenheit

Liebste Seele, wenn du nicht dein Lied singst, dein Buch schreibst oder auf deine Art lachst, tut es niemand, und das Universum wird diese spezielle Art zu lachen nie hören. Was für ein unermesslicher Verlust!

Gehe durch die Angst, durch die Abwehr und die Trauer, und wende dein Gesicht der Sonne zu, der Liebe, der wunderbaren Kraft, welche die Welt erschaffen hat. Spürst du nicht die Freude, die Liebe, die Herrlichkeit, die wir sind, die wir dir schenken wollen? Wir sind verbunden mit der wahren Kraft, wir können durch deinen Schleier sehen und erkennen dich als Funken Gottes, als Teil unserer Energie. Wir sehnen uns nach dir, wir wünschen uns nichts mehr, als dass du aufwachst und Kontakt mit uns aufnimmst.

Wende dein Gesicht der Sonne zu.

So langsam bekommen wir übrigens den Eindruck, diesen Leitfaden eher für uns zu schreiben, denn mit seiner Hilfe können wir unsere »verlorenen Schäfchen« zurückholen. Vielleicht ist das unsere Art, einen Lockruf auszustoßen? Kommt, ihr Süßen; husch, husch, ins Körbchen! Nun, wenn du diesen Ruf vernimmst und dich angesprochen fühlst, dann bediene dich seiner als Führer auf deinem Weg zurück zu uns. Hier gibt es alles, was du benötigst, du brauchst nichts zu tun, als innerlich nach Hause zu kommen.

Jeder Tag ein Sprung ins Ungewisse

Dieser Schritt ist trotzdem äußerst radikal, denn er erfordert nichts weniger von dir als deine Bereitschaft, jeden Tag ins Ungewisse zu springen. Du weißt nie, wozu dich deine innere Stimme auffordern wird. Du hast nur die Hoffnung und an guten Tagen die Gewissheit, dass sie dich zu Liebe, Gesundheit, Kraft und mehr Selbstausdruck trägt.

Dieser Schritt verlangt deine völlige Hingabe an das, was du manchmal sehr klar, oftmals aber nur verschwommen wahrnimmst, er verlangt Übung und immerwährende Bereitschaft.

Aber – und das vergiss bitte nicht – nur für heute. Nur jetzt. Dieser Schritt birgt eine für dich sicher sehr ungewohnte Mischung aus unendlicher Liebe und Geborgenheit – und radikaler Klarheit, gepaart mit ungeheurem Mut.

Um es mit euren Worten auszudrücken – dieser Schritt ist nichts für Weicheier. Auch wenn es nach außen hin vielleicht manchmal so wirkt – du weißt es inzwischen besser …

So trau dich, nichts als du selbst zu sein!

Durch Gebet oder Meditation (oder was immer dir hilft) verbesserst du nach und nach deinen persönlichen Draht zu deiner führenden Kraft. Bitte sie nur darum, dass sie ihren Willen für dich erkennen lässt, und um die Kraft, diesen auszuführen. Sei sicher: Die Kraft kommt.

***

Wenn wir dir ein Gebet anbieten dürfen, das alles ausdrückt, was du brauchst:

Gott gebe mir
die Gelassenheit,
die Dinge hinzunehmen,
die ich nicht ändern kann,
den Mut,
die Dinge zu ändern,
die sich ändern lassen,

und die Weisheit,
das eine vom anderen zu unterscheiden.
(Friedrich Christoph Oetinger)

Außerdem kann es helfen, wenn du, sooft am Tag du auch ins Grübeln gerätst, *»Dein Wille geschehe«* sagst, immer wieder. Für jeden Schritt, den du auf uns zugehst, kommen wir dir tausend Schritte entgegen. Doch den ersten Schritt musst du machen, du wählst unsere Nummer. Wir danken dir so sehr, dich in unserer Mitte begrüßen zu dürfen.

Immer wieder: Dein Wille geschehe.

12. Die Botschaft weitertragen

Du bist nun in deiner Mitte angekommen.
Gib die Botschaft weiter, wenn du spürst,
dass es richtig ist – aber nur dann …

Dein Leben hat sich verändert, du bist auf dem Weg, klarer, liebevoller, selbstbestimmter und gesünder zu werden sowie weniger süchtig, ehrlicher, nicht mehr so bequem für die, die andere für egoistische Zwecke benutzen wollen, aber sehr viel angenehmer für alle, die echte Nähe und Liebe teilen möchten.

Du bist vielleicht begeistert von der Kraft, die dich durchströmt, und von den Möglichkeiten, die du nach und nach oder auch plötzlich wahrzunehmen beginnst, und du möchtest es der ganzen Welt mitteilen.

Tu das. Erzähle jedem, der es hören möchte, was du tust und was du lässt, wie sehr du dich mit dir selbst verbunden hast und wie leicht es war, wenn du es vergleichst mit all der Schwere und dem Leid, das du vorher erlebt hast.

Trau dich, auch in Worten zu dir zu stehen und zu sagen, was du lebst, teile die Botschaft mit anderen, auch wenn du Angst bekommst, dafür verständnislos angeschaut zu werden. Du bist nun in dir verankert und auf dem Weg, immer reiner und klarer zu werden, immer mehr zum Ausdruck deiner selbst zu werden. Lass andere daran teilhaben – falls du es uneigennützig tust.

Dieser Schritt kommt wohlweislich ganz am Ende, denn nun erst bist du in der Lage, sehr genau zu spüren, zu welchem Zweck du dich mitteilst.

Lass andere teilhaben.

Verfällst du trotz besseren Wissens in alte Gewohnheiten, versuchst du, andere zu kontrollieren, indem du ihnen die »frohe Botschaft« bringst? Versuchst du, die Welt oder zumindest deine Mutter zu retten, indem du ihr haarklein erzählst, was du alles tust, wie oft du meditierst und wie sehr sich dein Leben verändert hat, in der Hoffnung, dass auch sie sich verändert und du sie endlich annehmen kannst? Tust du es für sie, für dich oder weil deine innere Stimme es dir aufträgt?

Du verstehst, wovon wir reden, nicht? Erst jetzt bist du in der Lage, diese Botschaft wahrhaftig weiterzugeben, denn erst jetzt hast du die innere Klarheit, ehrlich zu dir selbst zu sein und wahrzunehmen (und gegebenenfalls darauf zu verzichten), wenn sich eigenwillige oder kontrollsüchtige Gedanken einschleichen. Du bist nicht mehr davon abhängig, dass sich die Welt oder dein Lebensgefährte verändert, und jetzt geschieht ein Wunder.

Weil es dir im wahrsten und besten Sinn des Wortes gleichgültig ist, ob dein Gegenüber deine Botschaft annimmt oder nicht, ist er frei, sie tiefer in sich einsinken zu lassen, als das je zuvor möglich gewesen wäre. Wenn du keine egoistischen Absichten mehr hegst, öffnet sich ein Raum, in dem sich dein Gegenüber vertrauensvoll entspannen kann, weil er es nicht für dich tun muss.

Die Freiheit der Wahl.

Und wenn du noch so uneigennützig daherkommst, die Seele des anderen spürt, ob du ihr etwas gibst oder etwas von ihr haben willst.

Wenn du willst, dass dein Vater endlich meditiert, weil du seine Wutanfälle nicht mehr erträgst – nun, dann geh zurück zu Schritt vier, und erkenne, wie sehr er dich verletzt, wieviel Angst du vor ihm hast und wie sehr du versuchst, ihn zu kontrollieren, um das nicht mehr zu spüren. Wenn du ihn aber frei entscheiden lässt, ob er das, was du zu sagen hast, annehmen will oder nicht, weil du ihn so, wie er ist, lassen kannst und deine Gefühle diesbezüglich erträgst (ohne dich dabei zum Opfer zu machen – erinnere dich, du darfst jede Situation jederzeit verlassen), hört er vielleicht zum ersten Mal in seinem Leben wirklich zu.

Der Trick ist, niemanden für deine Belange einzuspannen, auch aus den edelsten Motiven nicht.

Den anderen lassen, wie er ist

Du erträgst die Welt nicht und fragst, warum alle anderen so wenig einfühlsam sind? Warum niemand aus seiner Wahrheit und Kraft heraus lebt, die Welt wäre besser, wenn doch nur alle diesem (oder einem anderen spirituellen) Programm folgen würden, so wie du es tust …

Spürst du, was passiert? Es sind deine Gefühle von Einsamkeit, die du nicht haben willst, dein Gefühl von Anderssein und Trennung. Schritt vier, liebstes Wesen: *»Ich fühle mich einsam …«*

Gib die Botschaft weiter, aber nur das. Gib sie weiter, missbrauche sie nicht, um andere zu beeinflussen, respektiere euren freien Willen. Du hast keine Macht über andere Menschen, selbst wenn ihr immer wieder der Illusion erliegt, ihr könntet euch einander untertan machen. Ob du jemandem einen Eisenring um den Fuß legst oder ihn mit einem spirituellen Programm zu kontrollieren versuchst, es ist immer die gleiche Energie von Angst.

Und wenn es doch passiert? Wenn du plötzlich spürst, wie du redest und redest, obwohl dir der andere nicht mehr zuhört oder Bedenken hat?

Wenn du wahrnimmst, dass du zu diskutieren beginnst? Dann hör einfach auf damit, mitten im Satz, und entschuldige dich dafür, ihm nicht die Freiheit gelassen zu haben, die Dinge so zu sehen, wie er sie sehen will.

Jeder hat das Recht auf eine eigene Meinung.

Dieser Schritt ist sehr wichtig, denn der Eifer der früheren (und mancher heutigen) Missionare hat eine Menge Schaden angerichtet. »Im Namen Gottes …« Du weißt, wovon wir reden.

Ihr habt die Freiheit, eure Entscheidungen zu treffen und die Welt so wahrzunehmen, wie ihr das wollt, jeder Einzelne von euch.

Bei diesem Schritt kannst du über Fallstricke für dein Ego, Gefahren des Missbrauchs, stolpern. Du kannst dich aus Angst vor schiefen Blicken verstecken und die Botschaft nicht weitergeben. Das ist Eigenwille. Du posaunst sie in die Welt hinaus und überrennst damit alle anderen, willst, dass die Welt ein schönerer Ort ist, damit du dich besser fühlst, und willst, dass alle das tun, was du tust. Das ist auch Eigenwille.

Eine dritte Form des Missbrauchs ist, dein Ego aufzuplustern. Es gibt eine Art spirituellen Hochmutes, die Überzeugung, weiter, höher, schneller, besser entwickelt zu sein als andere (und wenn du so richtig spirituell bist, wirst du es vielleicht auch noch hinter einer falschen Bescheidenheit verbergen), weil du auf deine innere Stimme hörst und ein gesünderes, glücklicheres Leben führst.

Vielleicht bemerkst du erst jetzt, dass sich auch dein Ego bereichert hat, dass es noch immer Teile in dir gibt, die sich alles, was sie nur fassen können, nehmen, um sich aufgewertet zu fühlen.

Wir sind alle gleich, egal wo wir stehen.

Nun, das passiert. Das zu überwinden, dazu gibt es Schritt zehn. Entspanne dich, spüre deine tiefe Angst, noch immer nicht gut genug zu sein, verzeihe dir, gib uns den Auftrag, das Muster von dir zu nehmen – und mach weiter.

Lass dich wie immer führen. Folge den Impulsen. Wenn du spürst, du willst etwas von dir mitteilen, dann tu es, und wenn du spürst, du solltest es lassen, dann lass es. Wenn diese innere Anspannung kommt, dieser Ärger, weil dich der andere nicht versteht oder dich in Frage stellt, lass ihn. Sag, was du zu sagen hast, und geh weg. Wenn du merkst, du stellst dich innerlich über den andern, bitte ihn offen oder still um Vergebung, und geh weg.

Das Wichtigste ist: Bleib bei dir, verlier nicht wieder den Kontakt zu dir. Wenn du nach außen gehst, passiert das sehr leicht.

Auch dieser Schritt erfordert Übung, es ist sicher sehr ungewohnt für dich, etwas zu sagen, ohne dich darum zu kümmern, ob es angenommen wird oder nicht. Es macht dich verletzlich. Du gestattest, dass du abgelehnt oder belächelt wirst, verständnislos angeschaut wirst oder vielleicht sogar Ärger hervorrufst. Noch verführerischer ist es, wenn du Bewunderung oder Hochachtung erntest, was für eine Versuchung für dein Ego!

Bleib bei dir, und lass dich führen.

Doch jetzt bist du so sehr in dir zu Hause, dass du trotzdem gelassen bleiben kannst, und erst jetzt bitten wir dich, die Botschaft weiterzugeben. Sicher hast du, wenn du das Programm magst, schon längst anderen davon erzählt, und vielleicht bemerkst du, warum erst jetzt der richtige Zeitpunkt dafür ist. Es erfordert eine Menge Stabilität, eine Botschaft weiterzugeben, ohne sich emotional in die Reaktionen der anderen zu verwickeln, sich auf- oder abwerten zu lassen.

Und wenn es doch geschieht?

Erinnere dich an Schritt eins, gib wieder einmal zu, dass du keine Kontrolle über dein Leben hast, weder über das, was geschieht, noch über deine Reaktionen darauf … Gib es ab, und lach darüber, wie sehr du dich bereits erhaben wähntest

Gelassen bleiben

über solch menschliche Dinge wie die Suche nach Anerkennung und Bestätigung.

Der Kreis beginnt von neuem, immer und immer wieder, tiefer und tiefer …

Gib das, was für dich wertvoll ist, weiter – und dann setz deinen Weg fort, ohne dich um die Reaktionen zu kümmern.

Der Kreis wird zur Entwicklungsspirale.

Erlaube niemandem, dich und deinen Wert zu kontrollieren, indem du dich auf- oder abwerten lässt.

Wir sind immer bei dir, wir führen dich zu immer neuen, liebevolleren und erfüllenderen Erfahrungen, wir lieben dich, und wir freuen uns, mit dir deinen Weg zu dir zurückzugehen.

Wir sind glücklich, dich zu erreichen, dir unsere Liebe, Kraft und Unterstützung zuteil werden zu lassen. Und wisse: Du selbst hast uns darum gebeten, dich an all das zu erinnern, wenn du an einem bestimmten Punkt in deinem Leben angekommen bist.

Nun, der Auftrag ist ausgeführt … Wir freuen uns sehr, dich im Leben willkommen zu heißen.

Anhang

Liste der 12-Schritte-Selbsthilfegruppen

Bei diesen Gruppen bekommen Sie Unterstützung bei den verschiedensten Suchtproblemen (es gibt sie in fast allen Städten, Telefonnummern erhalten Sie bei NAKOS)

- AA (Anonyme Alkoholiker)
- NA (Narcotics Anonymous, anonyme Drogenabhängige)
- CoDa (Codependants Anonymous, anonyme Coabhängige und Beziehungssüchtige)
- SLAA (Sex and Love Addicts Anonymous, anonyme Sex- und Liebessüchtige)
- AS (Anonyme Sexsüchtige)
- OA (Overeaters Anonymous, anonyme Überesser; Magersüchtige und Bulimiker sind willkommen)
- GA (Gamblers Anonymous, anonyme Spielsüchtige)
- EA (Emotions Anonymous, anonyme Gruppe für Menschen, die mit ihren Gefühlen nicht klarkommen) Al Anon (erwachsene Kinder von Alkoholikern, Angehörige von Suchtkranken)
- Alateen (Kinder von Alkoholikern)

Nationale Kontakt- und Informationsstelle zu allen Selbsthilfegruppen ist NAKOS; diese Kontaktstelle gibt keine Informationen über die Gruppen selbst, sie führt auch keine Beratungsgespräche durch, sondern vermittelt nur die Adressen der Ortsgruppen.

Selbsthilfegruppen in Deutschland:
NAKOS: Allgemeine Information, Aufklärung, Kontakte
Tel.: 030 / 31018960
(Di 9–13, Mi 9–12, Do 14–17, Fr 10–13 Uhr)
Fax: 030 / 31018970
Email: selbsthilfe@nakos.de
Internet: www.nakos.de

Viele Selbsthilfegruppen haben Internetseiten, am besten gibst du sie über eine Suchmaschine ein.

Literaturhinweise

Eine kleine persönliche Auswahl weiterführender Literatur:

Louise L. Hay:
Gesundheit für Körper und Seele.
München 1989
(über die Auswirkungen von Gedanken und Bewusstseinszuständen auf den Körper und die Erfahrungen, die man macht)

Melody Beattie:
Mut zur Unabhängigkeit.
München 1992
Kraft zum Loslassen. München 1989
(über Coabhängigkeit und Beziehungssucht)

Robin Norwood:
Wenn Frauen zu sehr lieben. Hamburg 1986
(über Coabhängigkeit, die heimliche Sucht, gebraucht zu werden, Liebessucht)

Julia Onken:
Vatermänner. München 1993
(krankmachende Strategien, die Frauen anwenden, um sich die Liebe des Vaters zu sichern)

Julia Cameron:
Der Weg des Künstlers. München 1996
(besonders hilfreich: die Arbeit mit dem inneren Kind)

Anne Wilson-Schäf:
Coabhängigkeit oder Die Sucht hinter der Sucht. München 1992
(gibt ein sehr gutes Bild vom »Helfer-Syndrom« und zeigt den Weg hinaus)

Bert Hellinger:
Was die Seele krank macht. München 2000
(verletzende Familienstrukturen erkennen und erlösen)

Shakti Gawain:
Leben im Licht. München 1986
(wie man lernt, seiner Intuition zu folgen)

Gavin de Becker:
Mut zur Angst oder Wie Intuition uns vor Gewalt schützt.
Frankfurt 1999

John Bradshaw:
Wenn Scham krank macht. München 1993
(ausführliche Darstellung eines sehr zerstörerischen Gefühls)

Margot Arnand:
Die Kunst der sexuellen Ekstase.
München 1990
(über Tantra, Selbstliebe, Heilung der Sexualität)

Marianne Williams:
Rückkehr zur Liebe. München 1993
(ein wunderbar geschriebenes Buch über das Loslassen)

Varda Hasselmann und Markus Schmollke:
Archetypen der Seele. München 1993
(sehr ausführliche und strukturierte Durchsagen über die speziellen Aufgaben und Wege, denen sich Seelen stellen, wenn sie auf die Erde kommen)

Clarissa Pinkola Estés:
Die Wolfsfrau. München 1993
(Bekannte Märchen werden in sehr klarer und ausdrucksvoller Sprache archetypisch erklärt; ein wunderbar mutiges Buch für Frauen, die sich trauen, tief in ihre Abgründe hineinzublicken, und die sich nicht scheuen, um sich selbst zu trauern und sich ihre Kraft zurückzuerobern.)

Sabrina Fox:
Wie Engel uns lieben. München 1997
(ein sehr ehrliches, inspirierendes Buch über die Suche nach der Verbindung zu höheren Energien)

Dein Leben ist ein Weg, kein Ziel.